D1703840

PORTUGAL

WHITE STAR VERLAG

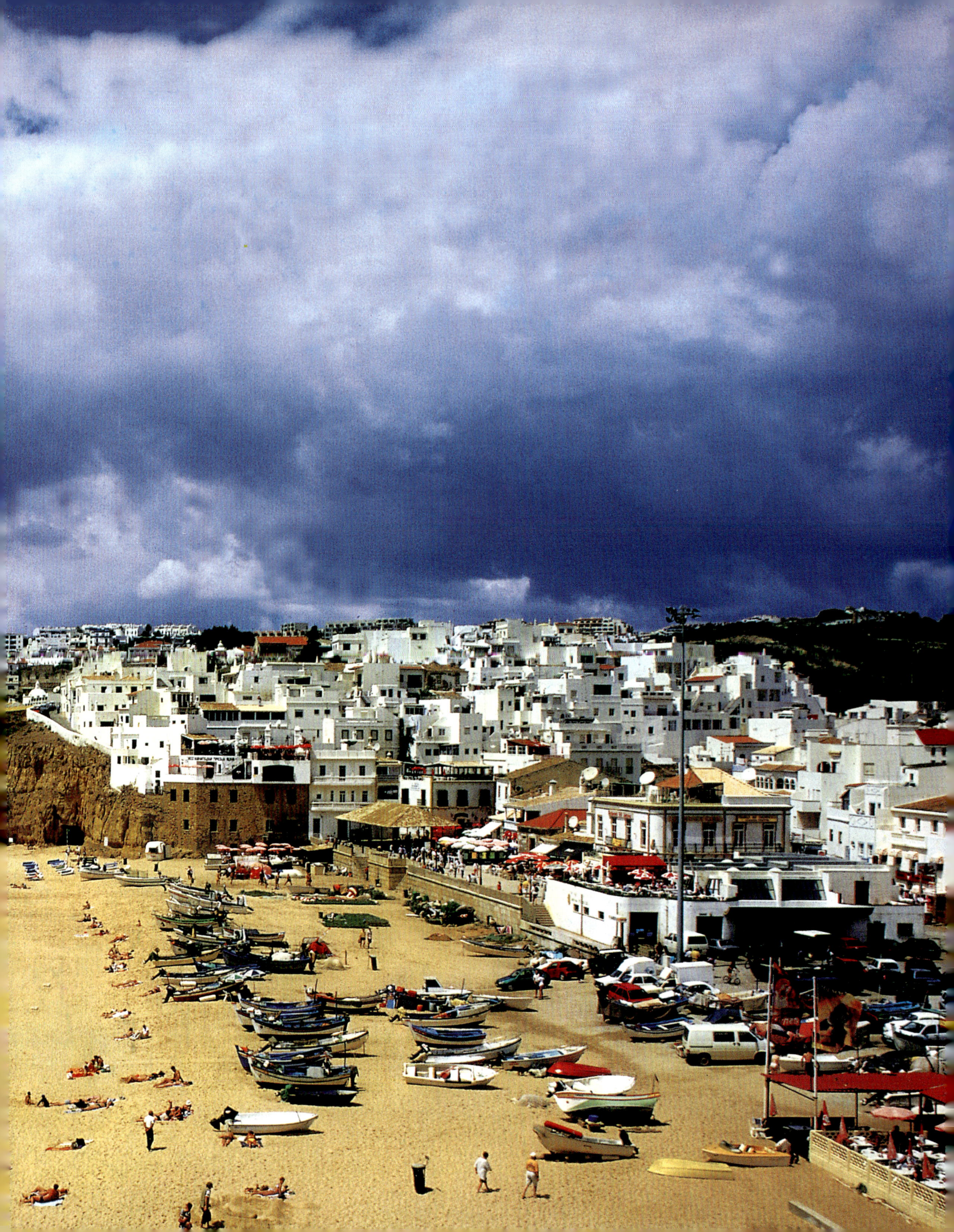

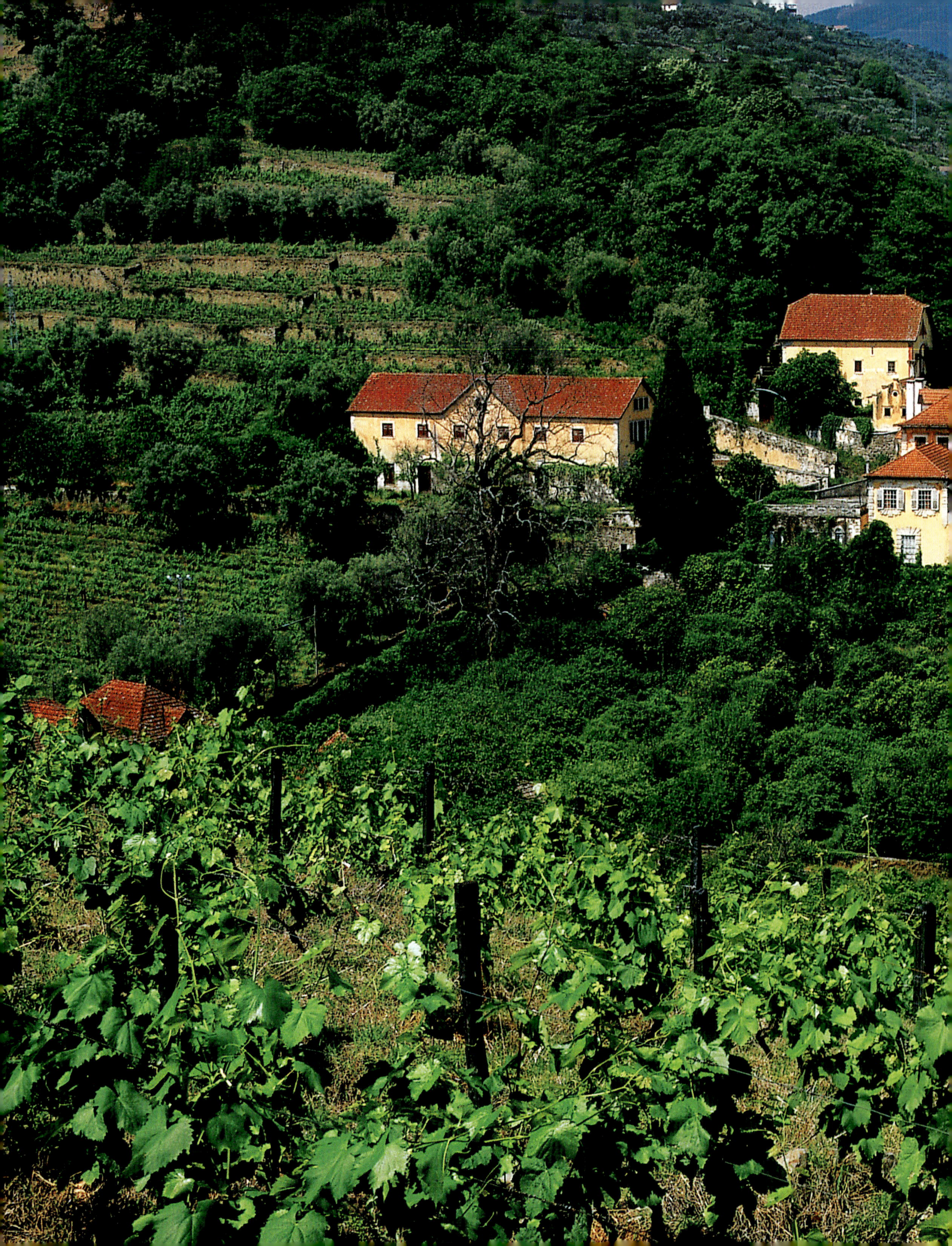

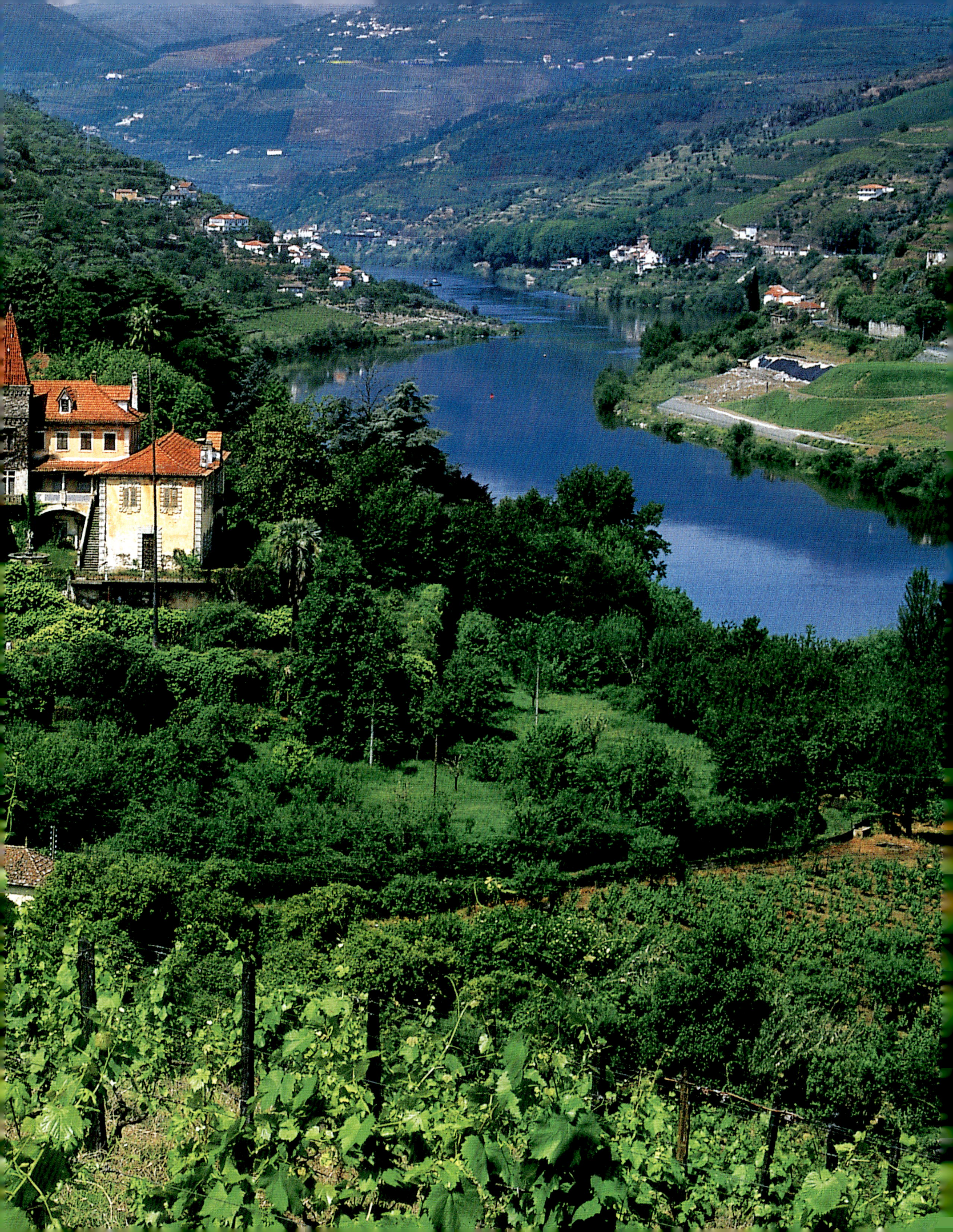

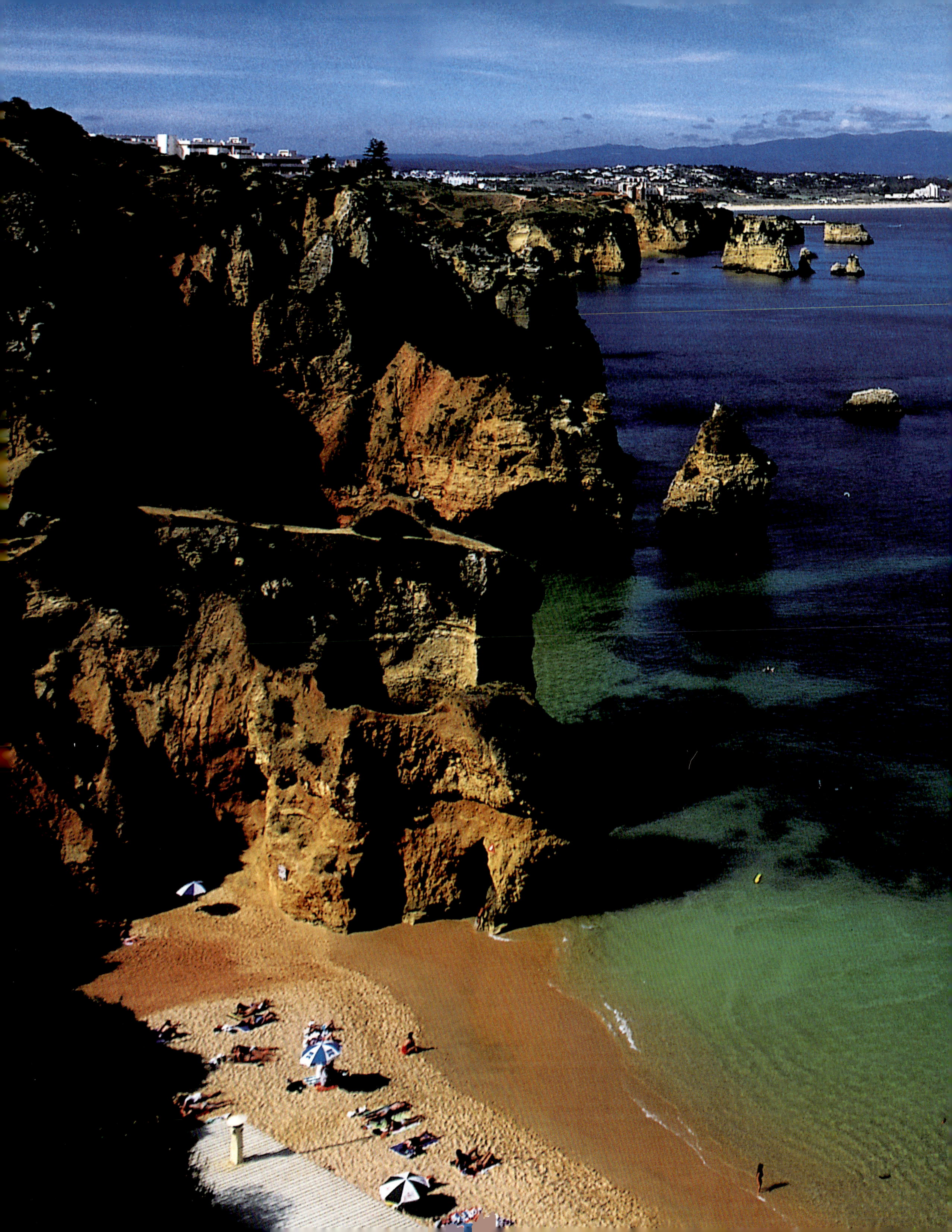

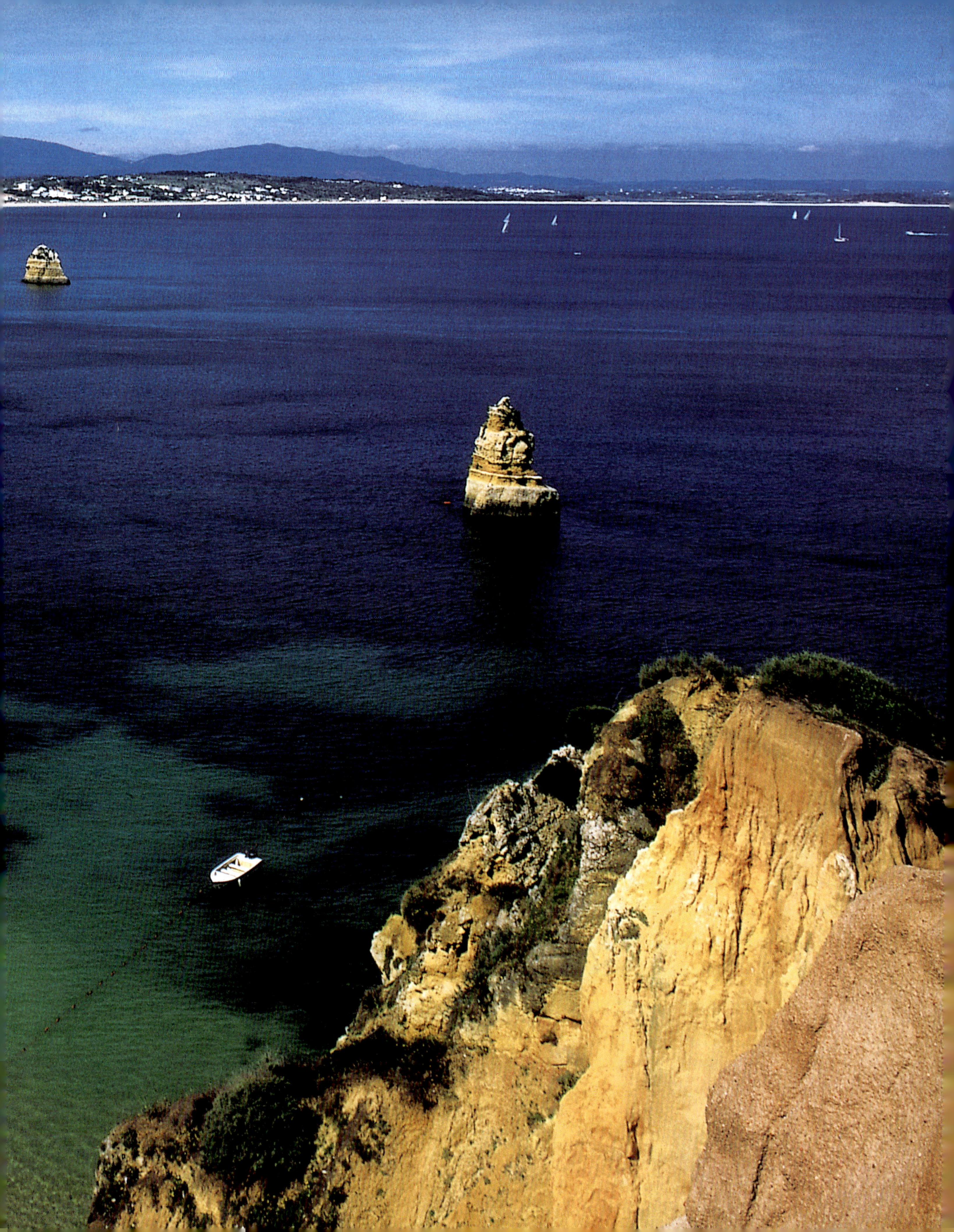

Text
Alberto Bertolazzi

Layout
Anna Galliani

Inhalt

Einleitung	*Seite 17*
Sanfte Hügel, goldene Strände	*Seite 34*
Das Flair der großen Städte	*Seite 68*
Tausend Gesichter, verschiedene Kulturen, eine Seele	*Seite 106*

1 Der große Palast von Queluz bei Lissabon ist ein Rokokoschloss inmitten französischer Gärten, das lange als Sommerresidenz der Herrscherdynastie Bragança diente. Heute beherbergt es das Luxusrestaurant „Cozinha Velha", in dem Lissabons VIPs verkehren.

2–3 Albufeira ist wohl der angesagteste Ferienort an der Algarve, der beliebtesten Küstenregion Portugals. Trotz seiner rasanten städtebaulichen Entwicklung hat sich der Ort den typischen maurischen Stil des alten Fischerdorfs bewahren können.

4–5 Im Tal des Douro, der bei Porto ins Meer mündet, haben die Bauern in jahrhundertelanger mühsamer Arbeit zahllose Terrassen in den Fels gehauen, auf denen sie einen der berühmtesten Weine der Erde anbauen, den größten Reichtum der Region.

6–7 Ponta da Piedade bietet die herrlichsten Naturschönheiten der Algarve: Rotgolden glänzende Felsen erheben sich über das smaragdgrüne Meer und bilden grandiose Bögen und Höhlen.

8 Die „moliceiros" sind die typischen Boote des Südens; früher dienten sie ausschließlich dem Fischfang, während sie heute für Touristen gebaut werden. Manche sind lediglich bunt angestrichen, bei anderen zieren Meisterwerke naiver Malerei den Steven.

9 Der Torre de Belém ist ein Meisterwerk des Emanuelstils, der seinen Namen Manuel I., dem Herrscher in Portugals goldenem Zeitalter, verdankt. Der Turm stand auf einer Felsinsel in der Mündung des Tejo, der Lissabon mit dem Atlantik verbindet. Das Meer um das Gebäude verlandete allmählich, bis der Turm schließlich direkt am Ufer stand.

© 1998, 2007 White Star S.p.A.
Via Candido Sassone, 22–24
13100 Vercelli – Italien
www.whitestar.it

Für die deutsche Ausgabe
© 2009 White Star Verlag GmbH, Wiesbaden
www.whitestar-verlag.de

ISBN 978-3-86726-093-0

1 2 3 4 5 6   14 13 12 11 10 09

Alle Rechte vorbehalten.
Kein Teil des Werkes darf in irgendeiner Form (durch Fotokopie, Mikrofilm oder ein ähnliches Verfahren) ohne die schriftliche Genehmigung des Verlages reproduziert oder unter Verwendung elektronischer Systeme verarbeitet, vervielfältigt oder verbreitet werden.

Übersetzung: Susanne Rohner
Producing: publisher-service.de, Köln

Gedruckt in China

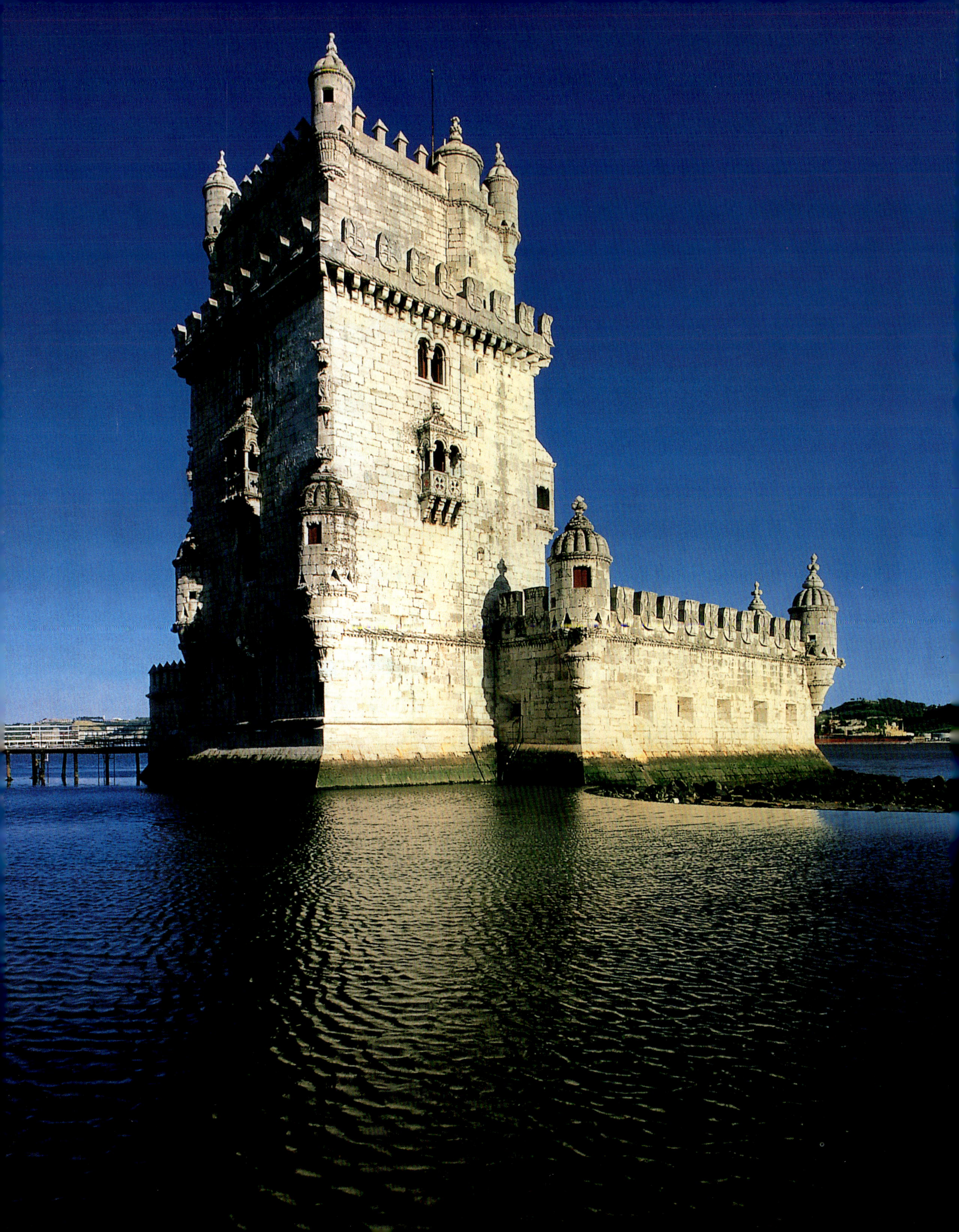

10 oben links Die Hartnäckigkeit der Portugiesen zeigt sich in der Landnutzung: Jedes Fleckchen Erde wird terrassiert, selbst auf entlegenen Inseln. Das Bild zeigt Pico auf den Azoren.

10 oben rechts Estremoz im Alentejo war während des goldenen Zeitalters Königsresidenz. Das Schloss, in dem Vasco da Gama Geschenke für Indien entgegennahm, dient heute als „pousada" (Hotel) und hat sein zeitgenössisches Flair perfekt bewahrt.

10 Mitte links Óbidos überstand die Einfälle, die die Costa da Porat jahrhundertelang verwüsteten, dank seiner erhöhten Lage im Binnenland und der dicken Mauern, die es heute noch umgeben.

10 Mitte rechts Coimbra gilt nach Lissabon und Porto als dritte Hauptstadt. Seine Rolle in Kultur und Forschung, die weltberühmte Universität und seine Energie machen es zur treibenden Kraft in Portugals Entwicklung.

10 unten Der Claustro Real von Batalha gilt als unbestrittenes Meisterwerk des Emanuelstils. Tatsächlich stellt er jedoch – wie das gesamte Kloster – eine Mischung verschiedener Stile dar, wobei Gotik und Emanuelstil vorherrschen.

12–13 Die Portugiesen mussten stets mit dem Meer leben: Geburt, Aufstieg und Niedergang des portugiesischen Weltreiches hängen unmittelbar mit dem Verhältnis des Landes zum Ozean zusammen. Das zeigt sich überall an der Küste, wo ganze Gemeinden vom Fischfang leben.

14–15 Terceira ist eine von neun Inseln der Azoren. Zusammen mit Madeira bilden sie den Rest der Überseegebiete Portugals.

16–17 Die Baixa (wörtlich „Unterstadt") ist der eleganteste Stadtteil von Lissabon. Ihren französischen Grundriss verdankt sie dem Wiederaufbau nach dem Erdbeben von 1755.

ATLANTISCHER OZEAN

SPANIEN

- VIANA DO CASTELO
- Rio Lima
- BRAGA
- Rio Cávado
- Rio Tamega
- BRAGANÇA
- *Costa Verde*
- PORTO
- VILA REAL
- ESPINHO
- *MONTANHAS*
- Rio Douro
- *Serra de Mogadouro*
- *Costa da Prata*
- FIGUEIRA
- COIMBRA
- Rio Mondego
- *Serra da Estrela*
- NAZARÉ
- BATALHA
- FÁTIMA
- TOMAR
- *ESTREMADURA*
- ÓBIDOS
- SANTARÉM
- PORTALEGRE
- Rio Tejo
- SINTRA
- CABO DA ROCA
- LISSABON
- Rio Sorraia
- ESTREMOZ
- CASCAIS
- ESTORIL
- *Mar da Palha*
- ÉVORA
- SETÚBAL
- *Bucht von Setúbal*
- Rio Sado
- *ALENTEJO*
- *Costa Dourada*
- Rio Mira
- BEJA
- Rio Guadiana
- *ALGARVE*
- CABO DE SÃO VICENTE
- LAGOS
- ALBUFEIRA
- TAVIRA
- SAGRES
- FARO
- *Bucht von Lagos*
- *Golf von Cádiz*

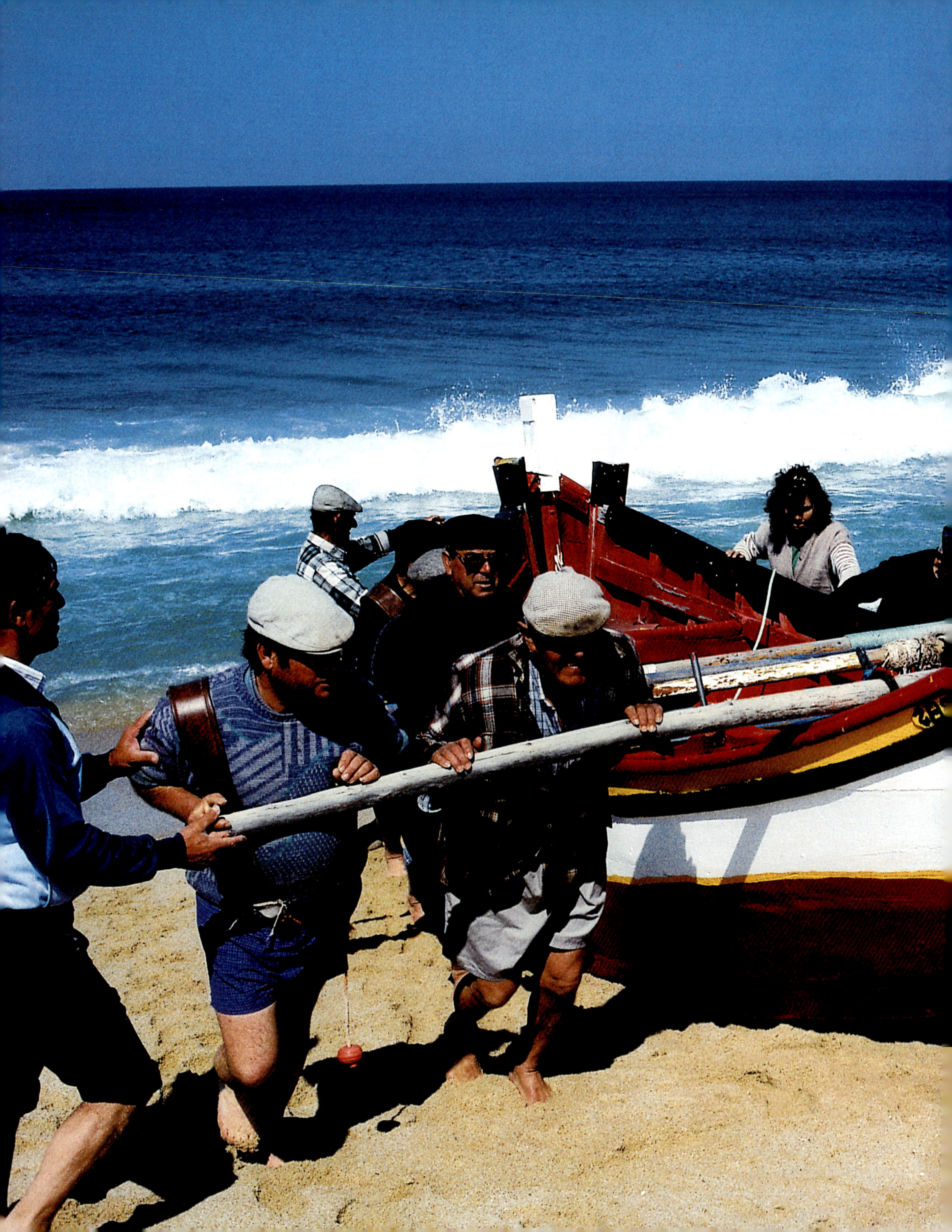

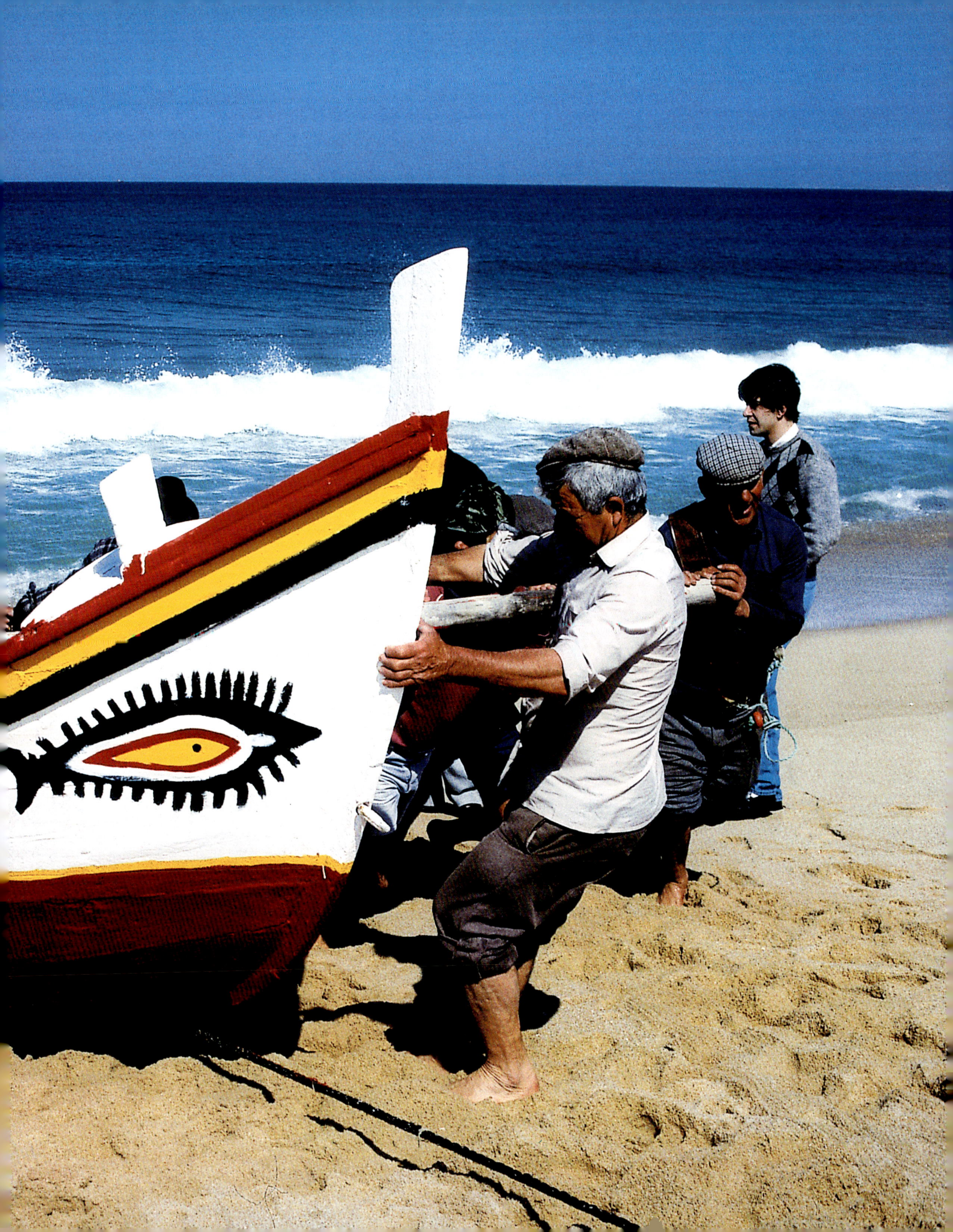

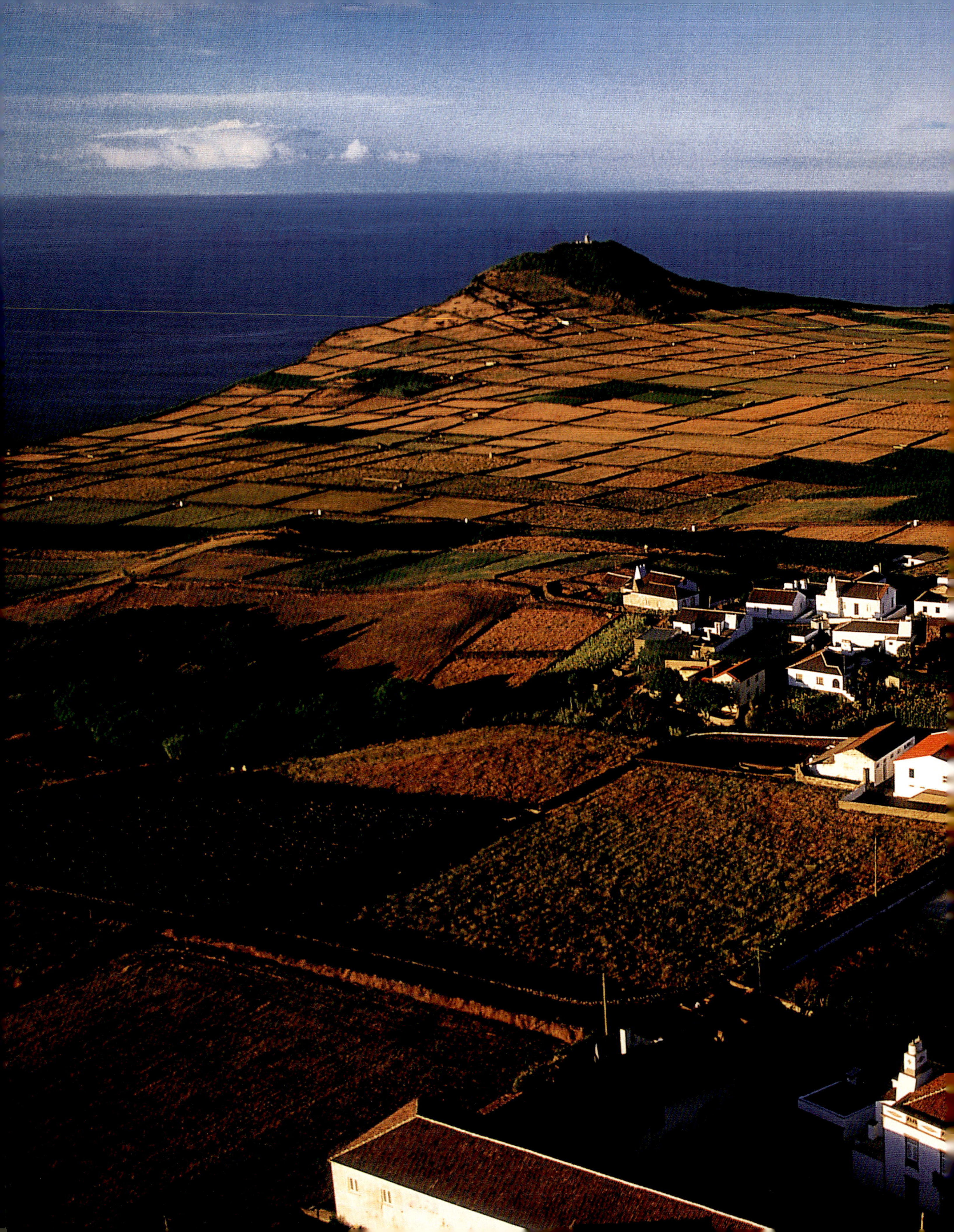

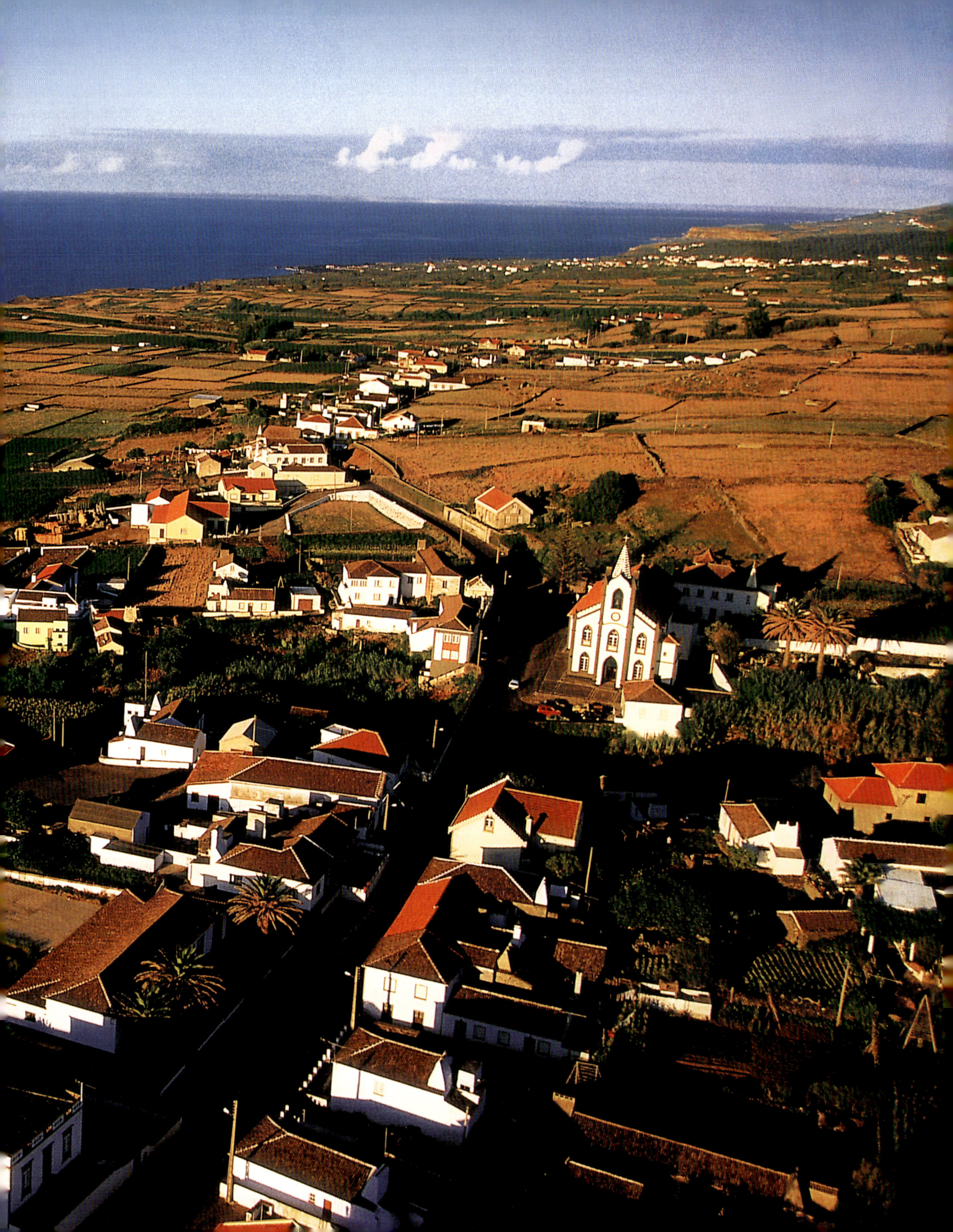

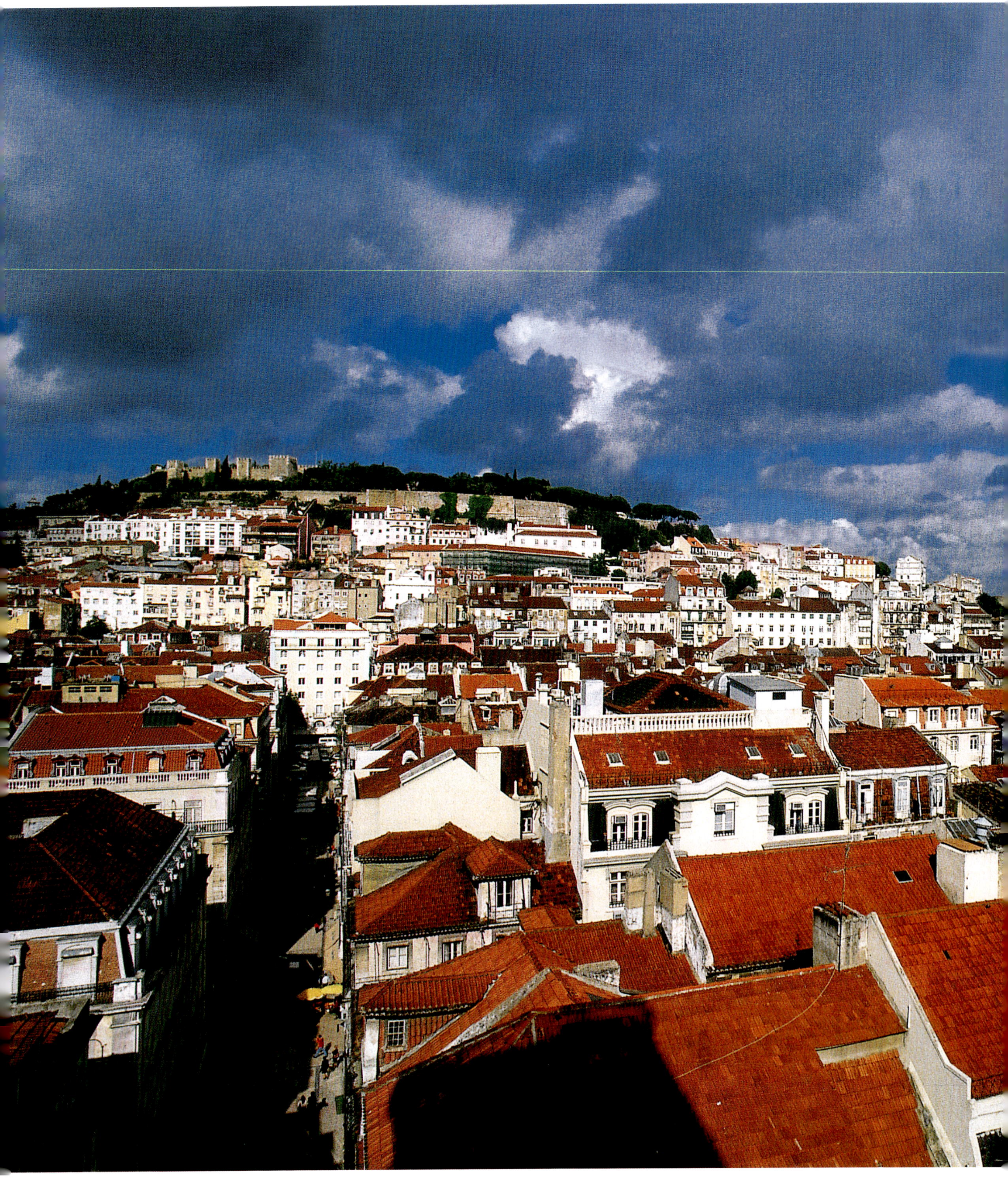

Einleitung

An diesem milden Wintertag schweifte sein Blick über die Ebenen des Alentejo, des „Landes am Tejo", die alle Schattierungen von Grün zeigten, und von Spanien wehte ein scharfer Wind herüber. Heute würde Don Manuel mit ihm über eine Reise sprechen, die Portugals Zukunft verändern sollte. Vasco da Gama war noch keine 30 Jahre alt, aber bereits der führende Kopf der von Heinrich dem Seefahrer gegründeten Navigationsschule. Heinrich gehörte zu den Männern, die Geschichte schrieben. Trotz seines Beinamens war er nie über Marokko hinausgekommen, doch er erfasste die Bedeutung des Meeres. Auf seinem Landsitz bei Sagres – gewissermaßen am Ende der damals bekannten Welt – hatte er die besten Seeleute empfangen, die Winde und alle bekannten Meere und Länder studiert, um zu erkennen, dass Hochseeschifffahrt geboten war. Die Seefahrerkunst sprach sozusagen portugiesisch. Die Portugiesen waren seit alters Fischer, verbannt auf einen schmalen Streifen Land und bedrängt von einem unbequemen Nachbarn. Die Äcker, die Vasco da Gama gedankenverloren von der Festung Estremoz überblickte, konnten das Land nicht mehr ernähren. Die Bauern hungerten, Aufstände erschütterten das Land, und von den Häfen verbreiteten sich Gerüchte über unermesslich reiche Länder jenseits des Ozeans, deren Schätze nur darauf warteten, auf Schiffe verladen zu werden.

Bis zu diesem Zeitpunkt hatten die großen Expeditionen von Heinrich dem Seefahrer und João II. weder Gold noch Diamanten heimgebracht; entdeckt worden waren nur ein paar Inseln (die Azoren, Madeira und die Kapverden), endlose Urwälder (der Kongo), deren Luft von Insekten wimmelt, und ein Kap an der Südspitze Afrikas, wo das Meer wie die Hölle tobte. Zu diesem Kap der Stürme, das Bartolomeu Diaz zehn Jahre zuvor erreicht hatte, wollte der junge Vasco segeln. Im Mai 1498 landete er nach 14 Monaten Seefahrt und der Umrundung des in „Kap der Guten Hoffnung" umbenannten Vorgebirges in Kalikut – der Seeweg nach Indien lag nun offen, und der reiche Warenstrom zwischen Asien und Europa wurde vom mühselig-engen und gefährlichen Landweg auf das endlose Meer umgelenkt. Von nun an erschien nichts mehr unvorstellbar oder verboten. 1500 wurde Brasilien, das wertvollste (und ergiebigste) Juwel in Portugals Krone, „entdeckt" und kolonisiert.

Die Abenteuer der großen Entdeckungen begannen im Herzen des flachen, ländlichen Alentejo; sie sollten die Machtverteilung auf der Welt völlig verändern. Von nun an galt Portugal fast drei Jahrhunderte als Großmacht; sein Imperium erstreckte sich über fünf Kontinente – zwischen Brasilien und Macao stachen Segelschiffe mit Sklaven in See und kehrten mit Gold beladen zurück.

Der unbequeme Nachbar Spanien musste sich fügen und mit der Unterzeichnung des Vertrages von Tordesillas (einem Vorläufer von Jalta) die unblutige Teilung der Neuen Welt anerkennen. Alentejo und die Kolonien, das ländliche Portugal und die Länder der Verheißung, Armut und Reichtum: An diesem denkwürdigen Tag des Jahres 1497, als man Vasco da Gama zum Befehlshaber der Flotte erklärt, wurden die Weichen für die weitere wechselvolle Geschichte des gesamten Landes gestellt. Es war der Beginn der Größe und der Armut des heutigen Portugals, eines Landes, das um seine Zukunft kämpft, auf Europa und Technologie setzt, jedoch nie aufgehört hat, seiner großen Vergangenheit nachzutrauern.

Estremoz und der Alentejo, der traditionell als Kornkammer Portugals gilt, sind auch die Heimat des Korkens. Die ungewöhnliche Qualität der Korkeichenrinde führte zu Rekordexporten in alle Weinanbaugebiete; die Gegend liefert rund zwei Drittel aller auf der Erde produzierten Korken. Die Armut ist jedoch unübersehbar. Der Aufschwung hat bisher weder die schmalen Landstraßen noch die hell erleuchteten, aber scheinbar ausgestorbenen Dörfer erreicht. Genauso deutlich zeigt sich aber auch der innere Reichtum der Bewohner. Hier lebten Portugals letzte Könige, die Herzöge von Bragança – das erkennt man eher am stolzen, edlen Geist der Menschen als an den Schlössern und ehemaligen Klöstern, die oft als „pousadas" (Hotels) dienen. In diesem Landstrich, der nur wenige Kilometer vom Industriegürtel zwischen Lissabon und Santarem entfernt liegt, trifft man auf einen gemächlichen Gang, stolze, aber traurige Augen, gebräunte Gesichter und von harter Arbeit gezeichnete Hände.

Die seit Vasco da Gamas Zeiten unveränderte Landschaft prägen die „planicies" (Ebenen), ausgedehnte, hauptsächlich mit Weizen bestellte Felder, Korkeichenplantagen und Olivenhaine, Ansammlungen weißer Häuser am Fuße eines Schlosses, Schafherden, Schweine und störrische Stiere. Nicht einmal der Tourismus hat dem Alentejo bisher Geld eingebracht. Hierher kommen nur wenige Reisende, die sich in den „pousadas" im aristokratischen Flair der guten alten Zeit erholen möchten oder die letzten Reste des revolutionären Geistes dieser vorwiegend „roten" Region aufspüren wollen.

Vila Viçosa und Évora sind die Symbole der widersprüchlichen Vergangenheit des Alentejo: Vila Viçosa war eine Residenz des Hauses Bragança, das Portugals letzte Herrscherdynastie stellte. Ihr Ende, das die Ermordung König Carlos I. und des Kronprinzen 1908 einleitete, ging mit einer Phase der Ernüchterung einher, in der sich die Nation von alten Ruhmesträumen verabschiedete und in die Moderne aufbrach – mit Demokratie, Diktatur, Revolution und schließlich dem Wiedererstarken der Demokratie. Der prächtige Herzogspalast von Vila Viçosa mit seinen schwach beleuchteten Räumen und kühlen Orangenhainen ist eine melancholische Reminiszenz an Portugals Königszeit, gelegen auf einem Platz, der ironischerweise Praça da República heißt. Évora ist immer noch von Mauern umgeben. Die Stadtanlage und die Universität aus dem 16. Jahrhundert haben die Jahrhun-

18 oben Tavira ist ein hübsches Städtchen an der Algarve, gut zwölf Kilometer vor der spanischen Grenze. Paradoxerweise verdankt es seine Beliebtheit bei Urlaubern dem Erdbeben von 1755, durch das Teile des Hafenbeckens verlandeten. An den so entstandenen Stränden drängeln sich heute die Badegäste.

18 unten Tavira wird vom Rio Sequa zweigeteilt. Eine gut erhaltene Brücke aus dem 17. Jahrhundert verbindet beide Stadtteile. Den einen beherrscht die Ruine einer maurischen Burg.

derte des Niedergangs unbeschadet überstanden. Nur die Kirche São Francisco und die nahe gelegene Capela dos Ossos verraten, dass die Zeiten nicht immer unbeschwert und friedlich waren. In der berühmten Andachtskapelle hängt ein Skelett, die Mauern sind mit Schädeln und Knochen übersät, und eine Inschrift mahnt: „All diese Gebeine warten nur auf deine!"

Der Alentejo ist ein Kaleidoskop, tausendfarbig wie die Wollteppiche von Arraiolos, einem Dorf mit weißen Häusern, das weltweit für seine vom Mittelalter geprägten Produkte bekannt ist; geheimnisvoll wie die 95 Menhire, die seit vorgeschichtlichen Zeiten einen Korkeichenhain bei Almendres zieren; kraftvoll wie die Stiere dieser Gegend, die ihr Leben nicht bei Stierkämpfen riskieren müssen, denn in Portugals Stierkampfarenen werden keine Tiere mehr getötet, seit der Graf d'Arcos bei einer „tourada" ums Leben kam. Falls die Stiere verletzt werden, pflegt man sie bis zur völligen Genesung.

Der Alentejo ist das Spiegelbild der Geschichte Lissabons, seines Ehrgeizes und seines Niedergangs; Trás-os-Montes, Beira Alta und das Tal des Douro, jene gemeinhin als „montanhas" (Bergland) bezeichneten Regionen, spielen für Portugals zweitgrößte und -wichtigste Stadt Oporto (auch Porto) die gleiche Rolle.

Die trockenen Ebenen des östlichen Mittelportugals bergen die Saat jener Abenteuerlust, die Lissabon groß gemacht hat, die Berge des Nordens dagegen haben die Zähigkeit und den Kampfgeist der am stärksten industrialisierten Stadt Portugals erzeugt.

„Zähigkeit" ist der einzige Begriff, mit dem sich der Überlebenskampf der Menschen von Trás-os-Montes umschreiben lässt, einer kargen Region, in der sechs Monate im Jahr ein eisiger Wind weht und deren kleine alte Städte von Tradition und Viehzucht leben. Unerschrocken bearbeiten die Bauern seit Urzeiten die Terrassenfelder der Hügel im Tal des Douro („Goldener Fluss"), denen sie trotz der Dürre mit größter Anstrengung Weinberge abgerungen haben, die weltberühmt sind. Auch hier, tief im Binnenland, wechseln Pracht und Kargheit einander ab: auf der einen Seite stolze, würdevolle Menschen, Städte mit Zeugnissen einer großen Vergangenheit und Landschaften von seltener Schönheit, auf der anderen Seite ein unwirtliches Klima, die Plagen des Alltags, unergiebige Äcker und althergebrachte Sitten. Beispielhaft für die Schönheit und Strenge dieser Landstriche, auf denen sich Weingärten mit Halbwüsten, Kastanienhainen und Pinienwäldern abwechseln, ist die Stadt Bragança, die auf einem Hügel im fernsten Nordosten liegt. Ihr Mauerring, den man im Stadtgraben umwandern kann, die gut erhaltene Stadtanlage, der Menagem-Turm und die Kathedrale sind Juwelen einer einzigartigen und zu wenig bekannten Stadt. Berühmter sind Castelo Branco und Vila Real. Castelo Branco beherbergt Reste der Stadtbefestigung, die an die ständigen Invasionen der Spanier erinnern, und hervorragende Beispiele des portugiesischen Barocks, vor allem den Jardim Episcopal, den schönsten Garten des Landes. Vila Real ist für seine Autorennen und den Solar de Mateus berühmt, ein Landgut der Grafen von Vila Real, die dort

19 In Viano do Castelo, einer hübschen Kleinstadt nördlich von Porto, nur wenige Kilometer vor der Grenze, feiert man im August die berühmte Romaria da Senhora da Agonia, das bekannteste Kirchenfest Nordportugals. Drei Tage lang werden Pilger aus allen Landesteilen mit Feuerwerken, Stierrennen und Trachtenumzügen begrüßt.

20–21 Madeira, die größte Insel des gleichnamigen Archipels, wurde von Luis de Camões als „Teil dieser Welt, doch außerhalb der Welt" bezeichnet. Die wunderschöne, mitten im Ozean gelegene Insel diente Fürsten und Aristokraten als Urlaubs-, aber auch als Verbannungsort und ist seit Generationen Heimat von Bauern, die zum Lebensunterhalt ein wenig Ackerbau treiben und viel fischen.

den in alle Welt exportierten Wein produzieren. Wein ist das bekannteste Produkt des Landes, das auf dem Douro nach Porto (Oporto), der Stadt unweit der Mündung des „Goldenen Flusses", gelangt: Qualitätsweine, die man jung und preiswert trinkt, wie den „vinho verde" („grüner Wein"), oder milde Tropfen wie den weltweit geschätzten und exportierten Portwein. Der „vinho verde" verdankt seinen Namen der Tatsache, dass man teilweise unreife Trauben keltert. Er wird überall im Dourotal produziert, kühl getrunken und enthält wenig Alkohol. Der „vinho porto" ist nicht nur ein Wein, sondern die Verkörperung der vollblütigen und reichen Seele des portugiesischen Volkes. Sein hoher Alkoholgehalt, die große Auswahl an Sorten und das rasche Altern machen ihn sehr vielseitig. Man kann ihn als Aperitif, Tafelwein (zu rustikalen Gerichten wie Maisbrot, Käse und Oliven oder arabisch-portugiesischen Desserts wie „papos de anjo" oder „touchinho do ceu", mit Honig, Mandeln, Feigen und Zimt) oder zum puren Genuss trinken. Er wärmt Leib und Seele, belebt das Gespräch und begleitet die elegischen Klänge des Fado. Die Portwein-Rebgärten symbolisieren auch das portugiesische Selbstverständnis. Kurz und gedrungen, an den steilen Schieferhängen wachsend, senken sie ihre Wurzeln tief ins Erdreich, um den Elementen zu trotzen und dem kargen Boden seine spärlichen Nährstoffe abzuringen. Stürme, Schnee, Windböen und Dürre können ihnen nichts anhaben. Stets bringen sie schmackhafte Trauben hervor, die in einigen „quintas" (Weingütern mit Kellereien), sobald sie vollreif sind, auch heute noch mit den Füßen gekeltert werden.

Die Geschichte des Portweins ist in mancherlei Hinsicht auch die Geschichte Portugals. Sie beginnt 1642, als der Frieden mit England nach einem Jahrhundert Seekrieg den Weg für den Handel zwischen beiden Ländern frei machte. Damals wurde der Portwein geboren, den offenbar 1668 zwei englische Importeure „erfanden", indem sie ihn für die lange Reise mit Branntwein haltbarer machten. Seitdem wurden viele Fortschritte erzielt, aber noch vor 30 Jahren erfolgte der Transport von den „quintas" nach Porto auf „barcos rabelos", Segelbooten westgotischer Herkunft, die sich langsam und ohne Schwanken bewegten.

Portugal ist ein unglaubliches Land. Fast überall sonst im Westen ersetzten Maschinen die Handarbeit, doch bei der Weinlese im Dourotal tragen die Menschen noch immer trichterförmige Körbe mit 70 Kilogramm Trauben über die gewellten Hügel. Diese Plackerei bringt wenig Geld, aber viel Ehre ein. Portugiesischer Wein wird in alle Welt versandt, jedoch erst, nachdem er mindestens drei Jahre in Eichenfässern gereift ist. Die besten Tropfen dürfen dann in Flaschen – manchmal 40 Jahre lang – zum Spitzenwein altern, der seinesgleichen sucht.

Porto, der Ausfuhrhafen für den Wein, ist die Hauptstadt der Costa Verde, einer lieblichen, vom Meer und der Geschichte geprägten Region, in der man hart arbeitet. „Coimbra singt, Braga betet, Lissabon betreibt Politik und Porto arbeitet." Die alte Redensart zitiert man gern in der Metropole des Nordens, dem führenden Geschäfts- und zweitwichtigsten Industriezentrum des

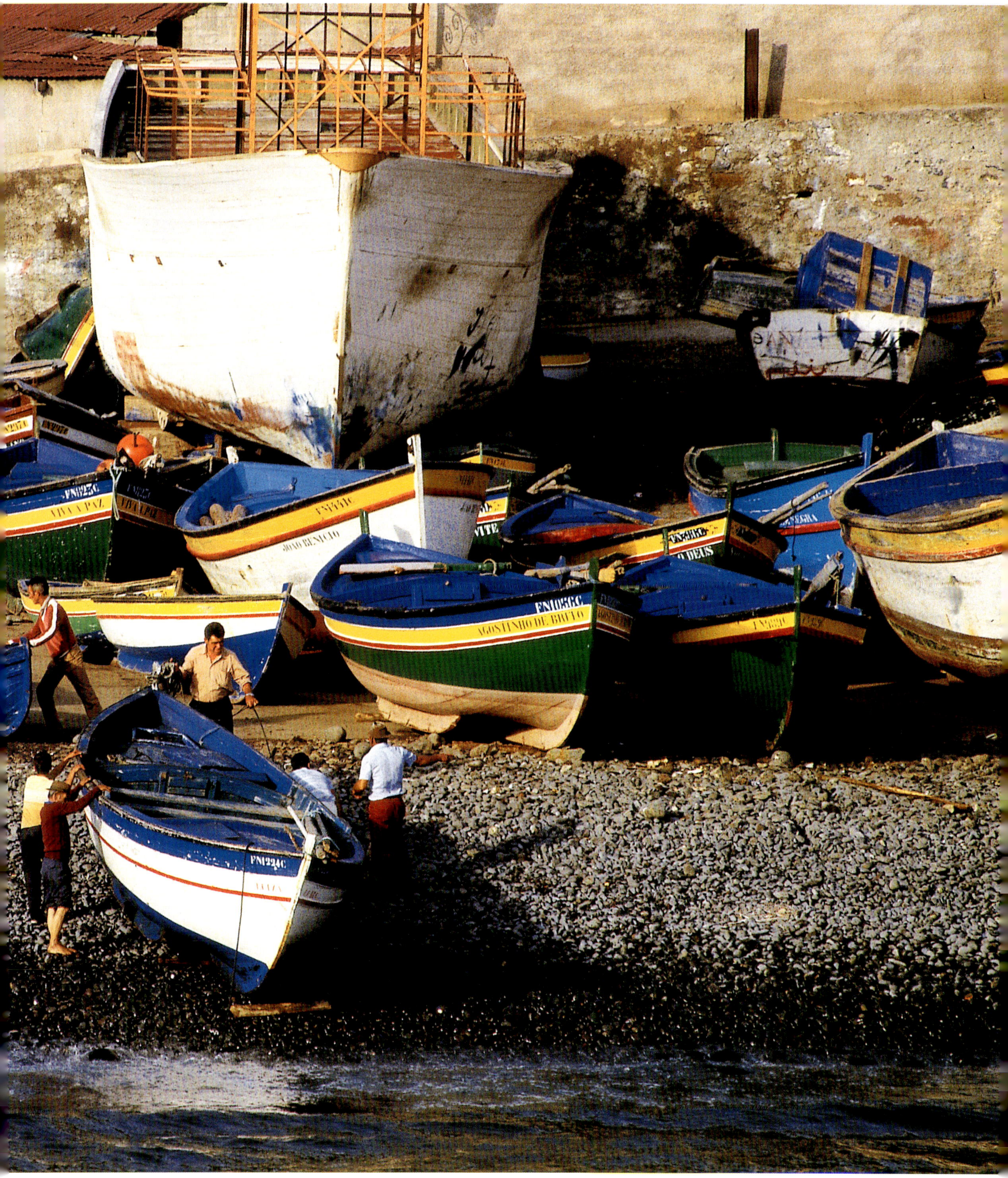
AGOSTINHO DE BRITO
VIVA A PAZ

Landes. Mit seinem Meeresnebel und den nahezu nordeuropäischen Regenmengen bietet es das europäischste Bild von Portugal, wenn man auf der Brücke Dom Luís I. über den Douro fährt oder aus den Weinbergen von Gondomar ins Herz der Stadt, den Hafen von Leixões, kommt. Die Augen, die hier aufs Meer blicken, sind nicht voll Nostalgie, sondern blicken in die Zukunft.

Porto ist keine schöne, aber eine interessante Stadt: Die meiste Zeit des Jahres grau und neblig, bietet sie doch das Licht, das nur Seestädte kennzeichnet. Dank der vielen Parkanlagen blüht Porto im Frühjahr wie eine Mittelmeermetropole. Es duftet nach Trauben und Salz. Heute gibt es nur noch ein echtes Seemannsviertel: Ribeira, ein Gewirr aus engen Gassen und hoch aufragenden Häusern, feucht und häufig verfallen. Das Viertel scheint zwar vom Niedergang bedroht, ist jedoch äußerst lebendig. Basarartig lärmende Geschäftsstraßen, die typischen bitter-subtilen Gerüche des Hafens und mittellose Mieter, die nur deshalb noch nicht vertrieben wurden, weil das alte Viertel keine Spekulanten anlockt, sind auch in Genua, Palermo, Barcelona, Marseille, Athen und Lissabon ein vertrauter Anblick – große Hafenstädte, die an ihrer Geschichte hängen und deren Bewohner traditionell durch Fischfang ihr Überleben zu sichern versuchen.

Portos Geschichte erzählt aber auch von Industrie und Handel und damit von Wohlstand. Das belegen die barocken Kirchen, von São Francisco mit seinen prunkvollen Holzschnitzereien, zu deren Vergoldung man 1753 fast 500 Pfund Gold aus Brasilien verwendete, bis zur Igreja dos Clérigos, einem Bau mit ovalem Grundriss und dem höchsten Glockenturm des Landes (der 76 Meter hohe Torre dos Clérigos mit 250 Stufen), der in der Blütezeit Portos im 18. Jahrhundert entstand.

Der neue Wohlstand zeigt sich in den Geschäften der Straßen im alten Stadtzentrum, in denen die mittelalterliche Tradition spezialisierter „Gewerbegassen" fortlebt, und in einigen Restaurants, auch in jenen, in denen man „dobrada a moda do Porto" (Kalbskutteln, Huhn und Bohnen) serviert – kein Armeleuteessen, sondern ein regionales Spitzengericht. Mit einem Hauch von Snobismus treffen sich die VIPs der Stadt eher im „O Tripeiro" (Kuttel-Restaurant) als im „O Escondidinho", um sich am einstigen Essen der armen Leute lieber als an Tintenfisch, Austern, Lachs und Hummer zu delektieren.

Wohlstand spürt man auch am Miramar-Strand von Espinho mit seinen zahlreichen Luxushotels und Golfplätzen, nur wenige Kilometer nördlich der Hafenstadt Viana do Castelo. Dort bieten betriebsame Werften, eine Fischereiflotte, Adelsvillen, die Praça da Republica (ein Platz von seltener Schönheit) und die originelle, von Gustave Eiffel entworfene Eisenbrücke dem Besucher mehr als das Bild eines eleganten Seebades. Die Costa Verde ist auch ein Kleinod der Natur, das mit seiner Schönheit Touristen anlockt. Die Gegend – grün wie der Name andeutet – profitiert von den üppigen Regenfällen. Hügel und Ebenen, Kastanienwälder und weite Täler mit Weinkulturen und kleinen Landhäusern aus Granit wechseln einander ab und bieten reizvolle Kontraste.

22 oben Alljährlich besuchen über eine Million Pilger aus aller Welt die Wallfahrtskirche von Fátima. Die Pilgerfahrt beginnt offiziell Mitte Mai und dauert bis Mitte Oktober. Traditionell sind die ersten und letzten Pilgerzüge die zahlreichsten.

22 unten Der Alentejo („Land hinter dem Tejo") gilt als Kornkammer Portugals. Heute ist er vor allem die Heimat der Korkeiche, die diese Region zum führenden Korkexporteur der Erde gemacht hat. Mehr als zwei Drittel aller weltweit verwendeten Weinkorken stammen von hier.

23 Am Hauptplatz von Alcobaça, einer für ihre Weine und Liköre berühmten Kleinstadt im Binnenland der Costa da Prata, steht die prächtige Abteikirche des um die Mitte des 12. Jahrhunderts gegründeten Zisterzienserklosters Santa Maria. Bei der interessanten Führung kann man die mächtige Küche, den „Kreuzgang des Schweigens" und die Gräber von Pedro I. und Inês de Castro besichtigen.

24–25 Die Universität von Coimbra ist die wichtigste des Landes und eine der berühmtesten der Erde. Ihre Bibliothek bietet ein schönes Beispiel der Barockarchitektur des 18. Jahrhunderts. Die illusionistischen Deckenfresken zeugen vom Einfluss der großen Meister Frankreichs und verbinden sich hier mit wertvollen Baustoffen (Gold, Holz, Marmor) und Stuckarbeiten. Ihre Themen beziehen sie meist auf die Geschichte des Reiches, mit Bezug zu den Kolonialgebieten auf allen fünf Erdteilen. Die reichen Archive bergen auch kostbare Manuskripte des Mittelalters.

Weitgehend unberührt ist die Küste mit ihren feinkörnigen Sandstränden, deren Reiz oft im Verborgenen liegt – etwa an der zwischen Küstendünen und Seestrandkiefern gelegenen Praia do Ofir. Das Meer steht nicht nur für Portugals Geschichte. An der Costa de Prata, die sich in Richtung Lissabon erstreckt, findet man Badestrände, die dem Süden des Landes eine eigene Note geben. Im Binnenland, an der Verbindungsstraße zwischen den beiden Hauptstädten des Südens und des Nordens, liegt die dritte Metropole, Coimbra. Früher Hauptsitz der Verwaltung, ist es heute die Kulturhauptstadt des Landes, berühmt für die alte Universität und den Fado. Schön und elegant wie Nazaré mit seinen Fischern und naturbelassenen Stränden (einem weltweit bekannten Postkartenmotiv) ist die Costa da Prata keine Riviera im üblichen Sinn des Wortes. Sie hat keine Ähnlichkeit mit der Algarve, einer Touristenregion mit warmen Mittelmeerwinden und üppiger Vegetation, sondern verkörpert Portugals Küsten: rau und schön, elegant und alltäglich, im Winter von Meereswinden gepeitscht und im Sommer ein tropisches Paradies. Die Strände, darunter solch elegante wie jene von Estoril und Cascais, zwei der berühmtesten Badeorte der Südküste, sind dennoch gut besucht. Estoril, bekannt für sein Kasino und die prächtigen Villen inmitten üppiger Vegetation, ist vielleicht das mondänste Seebad. Cascais – schon lange kein Fischerdorf mehr – bewahrt dagegen Züge einer kleinen Seefahrerstadt: niedrige Häuser mit bunten Fassaden, enge Gassen, Bars und Restaurants mit Seeblick. Spitzenhotels und Gärten verdankt Benfica seinen Ruhm. Der alte Vorort der Hauptstadt ist berühmt für den Palácio do Marquês de Fronteira (ein prächtiges Gebäude des 17. Jahrhunderts mit zwei Barockgärten) und das riesige Stadion von Lissabons führender Fußballmannschaft, einer der besten Europas. Pracht und Glanz erstrahlen auch in der königlichen Sommerresidenz von Queluz, dem „portugiesischen Versailles", und in Sintra, wo sich mit dem Castelo da Pena das bizarrste Schloss des Landes erhebt. Sehenswert und beeindruckend ist auch der Abschnitt des Aqueduto das Aguas Livres, der das Tal von Alcantara kreuzt. Sein Bau dauerte über 300 Jahre, löste jedoch das größte Problem der Hauptstadt, den Wassermangel.

Von den Kleinstädten ist es nicht weit nach Lissabon. Das Land und die Seefahrerdörfer brachten der Metropole seit dem Mittelalter Zuwanderer, und so ist Lissabon heute eine kosmopolitische, dicht bevölkerte und aufregende Stadt, in der jede Minute zählt. Sie hat tausend Gesichter. Die westlichste Hauptstadt Europas ist fest mit dem Kontinent verankert, aber stets dem Atlantik zugewandt. Ihr Überleben hing lange Zeit von zwei Gewässern ab: dem Mar da Palha („Strohmeer") – der weiten Tejomündung – und dem Atlantischen Ozean, den Karavellen, Galeonen, Fischerboote und Walfänger befuhren.

Lissabon bewahrte sich den Reiz einer Stadt, die nach der Renaissance der führende Hafen der Welt war: „ruas", enge, für alle Seestädte typische Alleen mit niedrigen, leuchtend bunten Häusern in der Alfama oder in

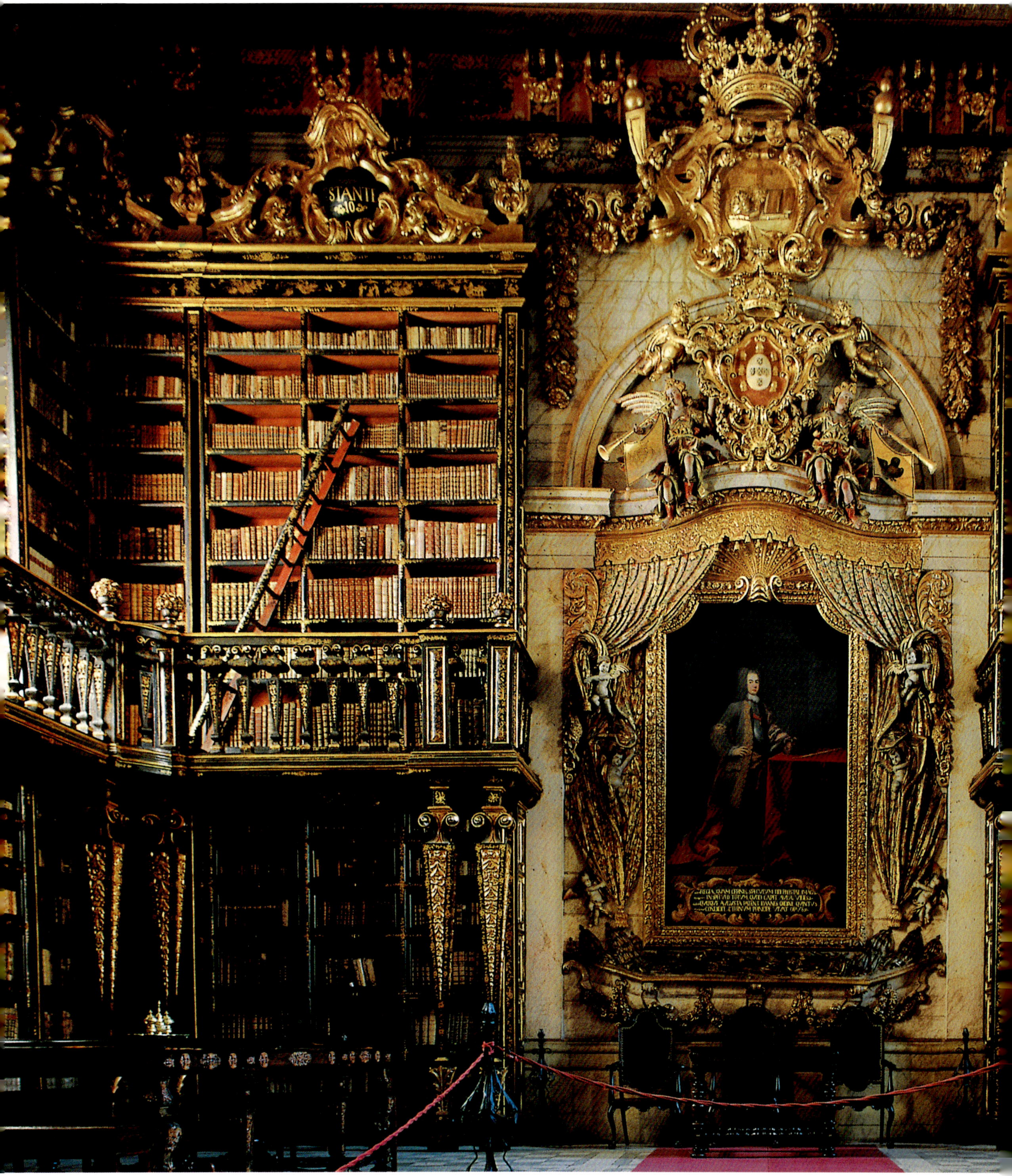
STANTI
10

Belém; duftende, arabisch anmutende Märkte; breite „avenidas"; Palais des 18. Jahrhunderts in der Baixa (Unterstadt); ausgedehnte Gärten rund um die schönsten „praças" (Plätze). Lissabons Charme beruht aber auch auf der vorgelagerten Bucht, den atlantischen Nebeln und dem frischen Wasser des in Spanien entspringenden Tejo mit seiner zwiebelförmigen Mündung. Am Nordufer dieser Lagune (die wegen der goldenen Lichtreflexe „Strohmeer" heißt) liegt zwischen den Hügeln der Estremadura und den Fluten des Tejo der schönste Teil von Lissabon. Mit den „electricos", malerischen Straßenbahnen, die sich straßauf und straßab quälen, dem „elevador", einem seltsamen Aufzug, der Unter- und Oberstadt verbindet, und mit den Fähren, die zum Südufer verkehren, wirkt das historische Zentrum strahlend und beunruhigend, lieblich und feierlich zugleich. Die Aussicht vom Castelo de São Jorge auf die Praça do Comércio, die farbenfrohen Häuser und Gärten von Belém und den endlosen Ponte 25 Abril erinnert an ein altes portugiesisches Sprichwort: „Quem nao tem visto Lisboa, nao tem visto cousa boa" („Wer Lissabon nicht kennt, weiß nicht, was Schönheit ist").

Dank seiner wechselvollen Geschichte und als Schmelztiegel vieler Kulturen besteht Lissabon aus vielen Bezirken. Jedes Viertel hat seine ganz besondere Note. Der Bairro Alto und die Alfama wahren die Tradition muslimischer Basare und bieten ein kunterbuntes, heiteres Bild alltäglichen Lebens. Baixa, Rossio, Chiado und Praça do Comércio, geprägt vom Geschmack und Reichtum des alten portugiesischen Adels, spiegeln die Eleganz der guten alten Zeit wider. Vielfalt ist ein Charakterzug dieser Stadt, der am besten im Emanuelstil zum Ausdruck kommt, in dem unterschiedlichste künstlerische Motive (Seefahrt, Sagen, sakrale und profane Elemente) gebündelt sind.

In tiefer Trauer gedenken die Einwohner von Lissabon jener Katastrophe, die die Geschichte ihrer Stadt und ganz Portugals veränderte: An Allerheiligen 1755 zerstörte ein Erdbeben große Teile der Stadt, und mehr als ein Sechstel der Bewohner starb unter den Trümmern. Bis zu diesem Zeitpunkt war der Ruhm Lissabons gleichbedeutend mit dem Portugals. Wie Paris für Frankreich oder London für England stand es für die gesamte Nation. Es war ein weiter Weg von den Phöniker, die es als „Alis Ubbo" („Schöne Bucht") gründeten, über die Araber, unter denen es „al-Aschbun" hieß und sein orientalisches Flair erhielt (davon zeugen auch die arabischen Namen der Stadtviertel Alfama, Alcantara und Mouraria) zum sagenhaften goldenen Zeitalter, das der Dichter Luís Vaz de Camões besang und von dem unvergängliche Denkmäler zeugen. Der Niedergang der Seemacht stand jedoch kurz bevor, und die Katastrophe Mitte des 18. Jahrhunderts traf die Seele und Stadtstruktur Lissabons tiefer, als es ihrer historischen Bedeutung entsprach. Portugals Richelieu, der Marques de Pombal, leerte in jenem geplagten 18. Jahrhundert nicht die öffentlichen Kassen, sondern finanzierte den kostspieligen und raschen Wiederaufbau auf Kosten der Kolonien und damit der Seemacht, die im Mutterland keine Wirtschaft aufzubauen vermochte, die eine Ausbeutung der Kolonialressourcen ermöglicht hätte. Portugal war nicht England, das aus seinen Kolonien die Rohstoffe für die industrielle Revolution bezog. Im späten 18. Jahrhundert verlor das Land den Anschluss an die moderne Entwicklung und deren Wohlstandsquellen.

Der Niedergang des portugiesischen Imperiums hinterließ die schönen Plätze Pombals und das vollkommen neu erbaute Viertel der Baixa. Seit diesem grandiosen städtebaulichen Entwurf hat sich bis zum jüngsten Wirtschaftsboom mit seinen Symbolen wie Wolkenkratzern und Einkaufszentren in den Vorstädten kaum etwas geändert. Das älteste Lissabon – eine Hafenstadt von eindeutig arabischer Prägung – existiert praktisch nicht mehr. Bedeutende Überreste findet man vor allem in der Alfama, dem alten Viertel der Mauren und Prostituierten, einem Gewirr von Straßen und Gassen, mit zwischen Häusern gespannten Wäscheleinen und winzigen Plätzen. Die Alfama, deren Name vermutlich vom arabischen „al-Hamma" („warme Quelle") abgeleitet ist, hat das Erdbeben unbeschadet überstanden. Die Altstadt liegt an einem Hang, der von São Jorge zum Tejo abfällt. Im Mittelalter lebte hier das Patriziat. Später wurde sie der Reihe nach zum Wohnviertel für Araber, Juden, Fischer und Kleinhändler. Zu Pombals Zeiten war sie ein Ghetto für Prostituierte und Matrosen – ein Ort der Krankheiten, den der Marques am liebsten abgerissen hätte. Heute zieht gerade das altertümliche Flair Touristen an. Die Alfama hat sich ihre starken Düfte bewahrt, die Rufe der Händler in den offenen Läden ihrer langen Gassen, die Gummibäume an den Platzecken, die alten Brunnen (etwa den Chafariz d'el Rei), die älteste Kirche Lissabons (Sé Patriarcal), das seltsamste Privathaus (die Casa dos Bicos mit einer Fassade aus Diamantquadern) und den unverfälschten Geist der Bevölkerung, verkörpert auf der Feira da Ladra, dem Flohmarkt auf dem Campo de Santa, wo man oft ein Schnäppchen machen kann.

Die anderen Brennpunkte Lissabons sind die Praça do Comércio, der Rossio und die Baixa. Die Praça do Comércio (auch Terreiro do Praço) ist eine Terrasse, die in niedrigen Stufen bis zum Tejo reicht und auf den Atlantik blickt. Sie zählt zu den schönsten Plätzen Europas – jedenfalls nach Meinung ihrer prominenten Besucher, von Lord Byron bis Thomas Mann. Der Rossio (amtlich Praça de Dom Pedro IV) ist ein belebter Platz. Hier konzentriert sich die „movida", Lissabons Nachtleben, teilweise dank des Teatro Nacional Dona Maria II., eines beliebten Treffpunkts der Gesellschaft.

Die Baixa, die durch das Erdbeben zerstörte Unterstadt, ließ Pombal nach der neuesten architektonischen Mode seiner Zeit wieder aufbauen, mit breiten, geraden Straßen und eleganten Fassaden. Sie ist das europäischste Viertel Lissabons. Die Geschäfte der Hauptstraßen (Rua Aurea, Rua Augusta, Rua da Prata) zählen zu den exklusivsten der Stadt; ihre Häuser sind die begehrtesten (und folglich teuersten) Immobilien.

Andere Stadtteile bewahren die Erinnerung an das alte Lissabon. Der Bairro Alto, das ehemalige „Zeitungsviertel", liegt auf dem stadtbeherrschenden Hügel und ist mit der Baixa durch einen seltsamen Fahrstuhl (den Elevador do Carmo) verbunden. Der elegante, aber vom Schicksal verfolgte Chiado, lange Treffpunkt der Gesellschaft und Kulturzentrum, wurde 1988 durch einen Brand schwer beschädigt. Belém beherbergt die berühmte Torre de Belém und das Mosteiro dos Jerónimos (zwei der schönsten und berühmtesten Bauwerke Portugals) und schmale, farbenprächtige Hausfassaden aus dem 17. Jahrhundert. Das Castelo de São Jorge im Südosten der Stadt ist mehr Park und Blickfang als Wehrbau.

Lissabon ist reich an Geschichte und Kunst, über die man sich in zahlreichen Museen informieren kann: im Museu Nacional de Arte Antigua mit seinen teils kritischen Zeugnissen der Kolonialherrschaft (etwa japanischen „namban", die die Grausamkeiten der portugiesischen Eroberungen aus der Sicht der Kolonisierten zeigen), im Museu d'Agua Manuel da Maia (das von den Bemühungen um die Wasserversorgung der Hauptstadt erzählt), im Museu Nacional dos Coches mit einigen der prächtigsten Kutschen des europäischen Adels, im Museu Nacional do Teatro, im Museu Nacional do Azulejo und im Museu da Marioneta. Ungewöhnlich und bewegend wirkt das Museu Arqueológico in den Ruinen der Karmeliterkirche Igreja do Carmo. Die im 14. Jahrhundert erbaute Kirche ist ein geisterhafter Zeuge des Erdbebens. Ihre gotischen Arkaden tragen keine Gewölbe mehr. Im Sommer finden in den dachlosen Schiffen Konzerte statt. Die Kirche wurde nie wieder aufgebaut, ein ungewöhnliches Mahnmal dieses furchtbaren Tages.

Die Hauptstadt war und ist für alle Portugiesen mit großen Visionen ein Bezugspunkt. Davon zeugen drei Monumente des 20. Jahrhunderts. Das Padrão dos Descobrimentos wurde unter der Diktatur Salazars in Auftrag gegeben. Heute steht das Denkmal am Tejo mit seinen auf einem Schiffsbug versammelten Helden (von Heinrich dem Seefahrer bis Vasco da Gama) für die enge Bindung zwischen der postkolonialen Metropole und ihrem einstigen Imperium. Gegenüber dem Padrão wird der Blick auf die majestätische Christkönigstatue (Cristo Rei) und den Ponte 25 de Abril gelenkt, die längste Hängebrücke des Kontinents. Auch sie zählten zu Salazars Lieblingsprojekten und wurden nach dem Sturz des Diktators zu Symbolen der Wiedergeburt. Die Statue verbindet Lissabon mit Rio de Janeiro, der anderen portugiesischsprachigen Stadt, deren Bild von einer Christusstatue beherrscht wird. Die Brücke erinnert an San Franciscos Golden Gate Bridge und verbindet Lissabon mit dem Süden des Landes; vor allem jedoch verkörpert sie die Kraft und den Stolz der Portugiesen, die große Träume auch verwirklichen können. Alle wichtigen Gebäude, sämtliche Treppenfluchten, jeder Brunnen oder Turm (sofern sie nach dem 16. Jahrhundert entstanden) sind mit Azulejos geschmückt, Kacheln, die für Portugal so typisch sind wie der Emanuelstil und der Fado. In den Adelshäusern des 17. Jahrhunderts wurden diese Fliesen zu einem tapetenartigen Wandschmuck, während in den Kirchen des 18. Jahrhunderts die spätbarocken Dekorationselemente häufig von großen Keramikfeldern mit Szenen aus Heiligenleben flankiert werden. An den Straßenecken bestehen sogar in weniger eleganten Vierteln die Votivbilder und Straßenschilder aus farbenprächtigen

27 Azulejos, eine sonderbar unkonventionelle Kunstform, sind nach wechselnden Regeln, Stilen und Motiven bemalte glasierte Fliesen, die in Portugal vielen dekorativen Zwecken dienen. In einigen Kirchen (wie hier São Ildefonso in Porto) finden sich statt der üblichen Fresken „tapetes" (Wandteppiche) mit religiösen Themen aus Azulejos. Ihre Geschichte spiegelt die des Landes wider. Von den Arabern während ihrer Herrschaft über Portugal eingeführt, wurden im Laufe der Jahrhunderte italienische, flämische und sogar afroamerikanische Tendenzen und Techniken eingearbeitet. Die Zierelemente und Farben deuten auf ihre ursprüngliche Inspirationsquelle hin: Blau und Weiß mit stilisierten, vorwiegend geometrischen Mustern dominierten während der Maurenherrschaft (der Koran verbot die Darstellung menschlicher Figuren), Polychromie und höfische Motive (von der Jagd bis zu erotischen Szenen) in jener Epoche, in der wichtige Handelsbeziehungen zu Nordeuropa bestanden. In den Jahren der Gegenreformation herrschten religiöse Themen vor, und zur Blütezeit des Kolonialreiches bevorzugte man historisch-nautische Motive.

28–29 Das Kloster Santa Maria da Vitoria in Batalha ist eine gelungene Synthese emanuelinischer, gotischer und renaissancezeitlicher Elemente. Mit dem Bau begann man 1385 zur Feier des Sieges über die Spanier bei Aljubarrota. Der gleichermaßen nüchterne wie subtile Komplex ist das Werk von fast zwei Jahrhunderten. Die Spitzbögen und Portale tragen reichen Zierrat. Besonders schön ist der Königliche Kreuzgang („claustro real").

30–31 Der Innenhof des Mosteiro dos Jerónimos in Lissabon ist vielleicht das bekannteste Denkmal des Emanuelstils. Der Reichtum der Zierelemente, die vorwiegend nautische Themen aufgreifen (das Schiffstau erscheint überall im Gebäude), die kostbaren Materialien und die majestätische Gesamtwirkung machen das Hieronymus-Kloster zu einem Hauptwerk der heimischen Baukunst.

32–33 Die Praça de Dom Pedro IV., die Lissabons Einwohnern besser als Rossio bekannt ist, bildet einen Brennpunkt der Hauptstadt. An diesem kreisförmigen Ensemble mit großem Brunnen und historisch wertvoller Randbebauung (unter anderem dem unverkennbaren Profil des Teatro Nacional Dona Maria II.) sowie zahlreichen Restaurants und Bars treffen sich die Hauptverkehrsstraßen. Es ist das Zentrum von Lissabons „movida".

Kacheln. Wie fast alle Aspekte des portugiesischen Lebens sind auch die Azulejos ein Produkt verschiedener Kulturen. Zum schlichten Blau-Weiß arabischen Ursprungs kamen die komplexen, farbenprächtigen Muster in italienischem oder flämischem Stil, aus geometrischen Mustern orientalischer Art wurden Schmuckelemente für Kirchen und Paläste.

Als Abglanz der jahrhundertealten Geschichte Portugals sind Azulejos an der Küste, vor allem in Lissabon, häufiger zu finden als im Binnenland, denn die Häfen waren allen möglichen Einflüssen ausgesetzt, von den Invasionen der Araber bis zu „heimkehrenden" Kolonisten. Die unterschiedlichen Kolorite – ein wenig Afrika, ein wenig Lateinamerika, ein wenig Europa – verbinden sich und machen aus dekorativen Kacheln wahre Kunstwerke. Auch die Bewohner der Atlantikküste, vor allem der Hauptstadt, spiegeln diese ungewöhnliche Mischung verschiedener Kulturen in ihren ethnischen Unterschieden wider.

Portugal hat tausend Gesichter, aber nur ein Seele. Wer nicht in seinen Grenzen geboren ist, kann seine Seele in den Melodien kennen lernen, die ein „fadista" mit zwei Gitarristen in den kleinen Bars von Lissabon oder Coimbra vorträgt. Das ist der Fado, die Volksmusik Portugals, ein melancholischer Gesang, der vielleicht von den Troubadouren, aus Brasilien oder aus Afrika stammt: ein mit dem kolonialen Erbe verbundenes kulturelles Element, das sich besonders effektvoll in den „saudades" ausdrückt, was in etwa „sich traurig der Nostalgie hingeben" bedeutet. Diese Stimmung ist selbst für die dynamischsten Portugiesen typisch.

Portugal ist ein seltsames Land des kühnen Wagemuts und der passiven Hingabe, der Monotonie und der Originalität, niemals jedoch gewöhnlich – selbst nicht in ausgesprochenen Touristengebieten wie der Algarve, dieser schönen Küste mit dem schmeichelhaften Namen (arabisch „al-Gharb" bedeutet „Garten des Westens"). Diese Region ist ein afro-mediterraner Garten, in dem neben Olivenbäumen, Orangen- und Zitronensträuchern auch Johannisbrot-, Mandel- und Feigenbäume gedeihen. Ihr gemäßigtes Klima – hohe Berge schützen die Algarve vor den kalten Nordwinden – macht sie zu einem Badeparadies. Die im Westen flachen und sandigen Küsten weichen im Süden zerklüfteten Felsen mit eingestreuten Badestränden – ein Land der Verheißung für Hunderttausende, die ungezähmte Landschaften schätzen. Auch die Bauspekulation hat das Gesicht dieser Landschaft mit dem Hauptquartier Heinrichs des Seefahrers kaum verändert.

In Portugal schwört mancher darauf, dass die Welt wie im 15. Jahrhundert zu neuen Ufern aufbrechen wird – wenn auch nicht mit Galeonen und Karavellen. Die Helden des neuen Jahrtausends werden über Seebäder, Museen und Touristenrouten herrschen. Vom Eroberer zum Eroberten geworden, werden die Portugiesen in ihrer Heimat Gold und Reichtümer finden, indem sie die Natur- und Kunstschätze ihres Landes nutzen.

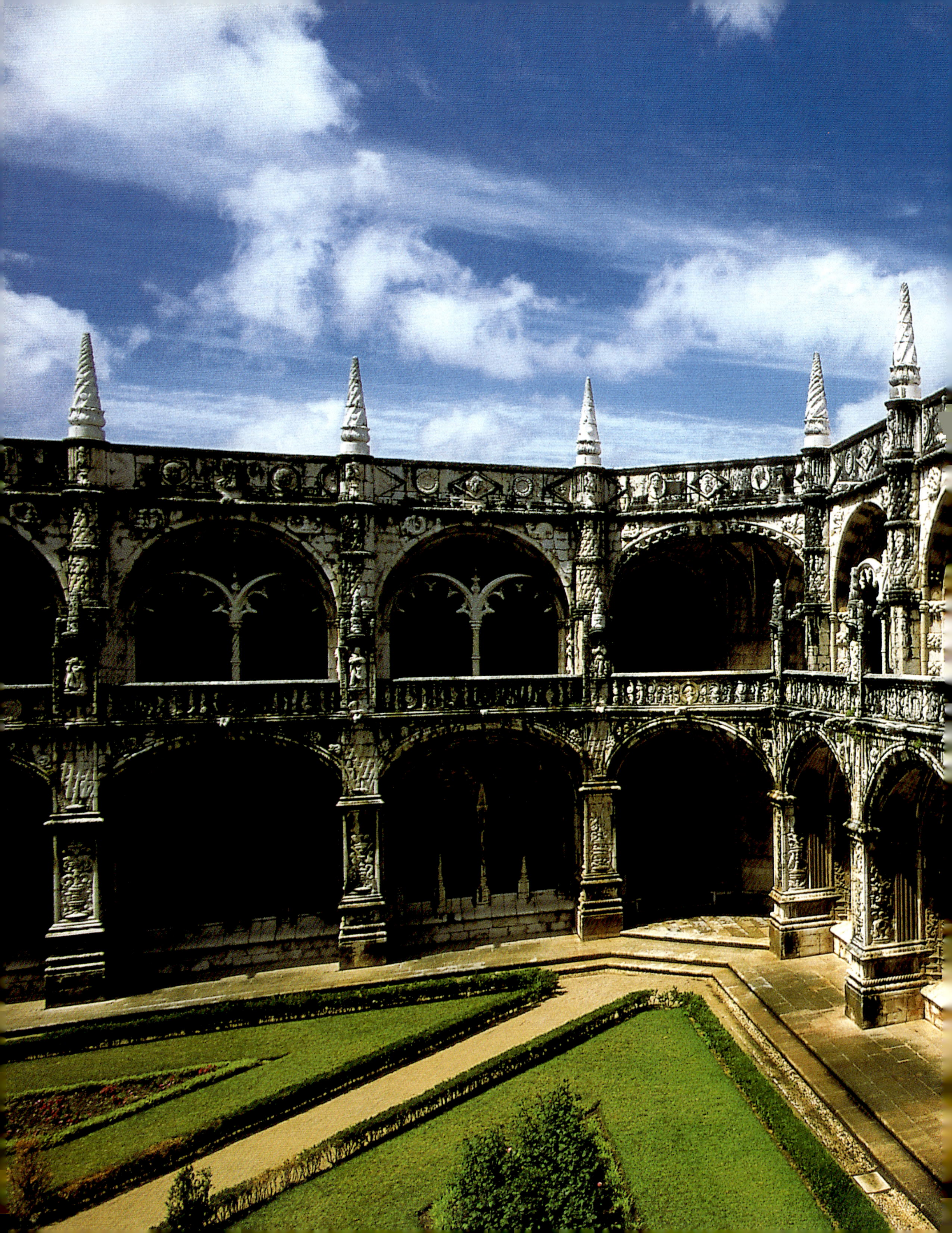

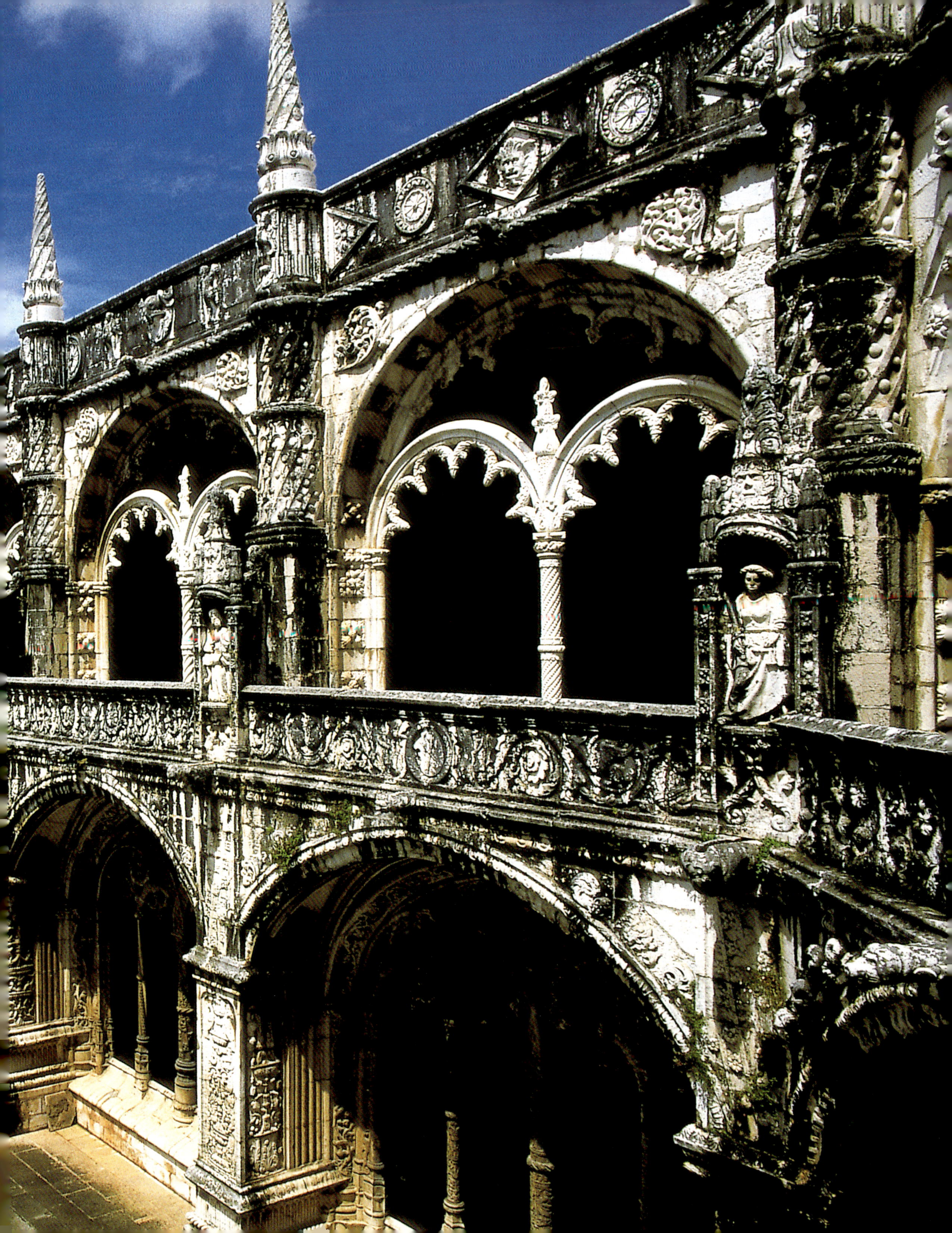

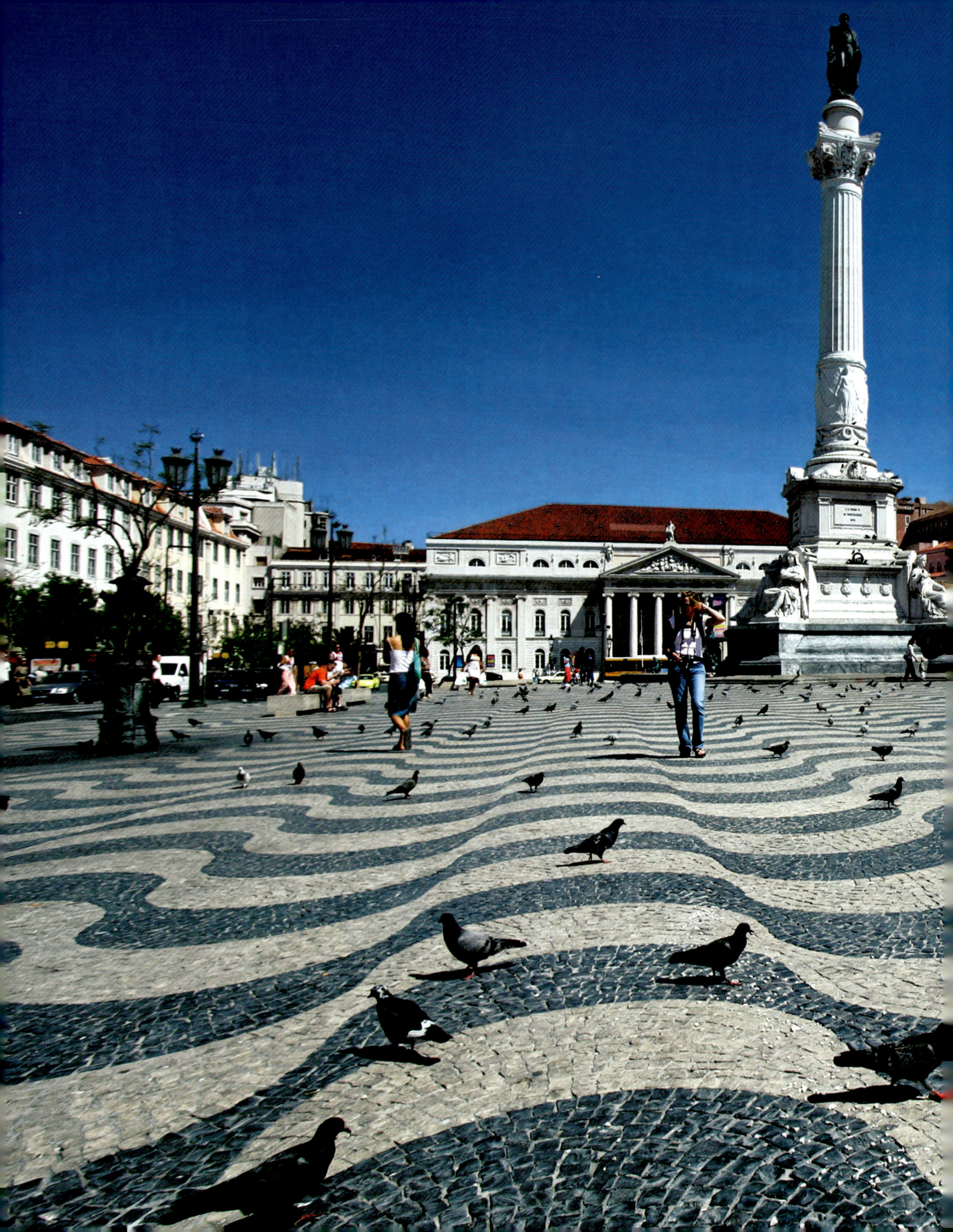

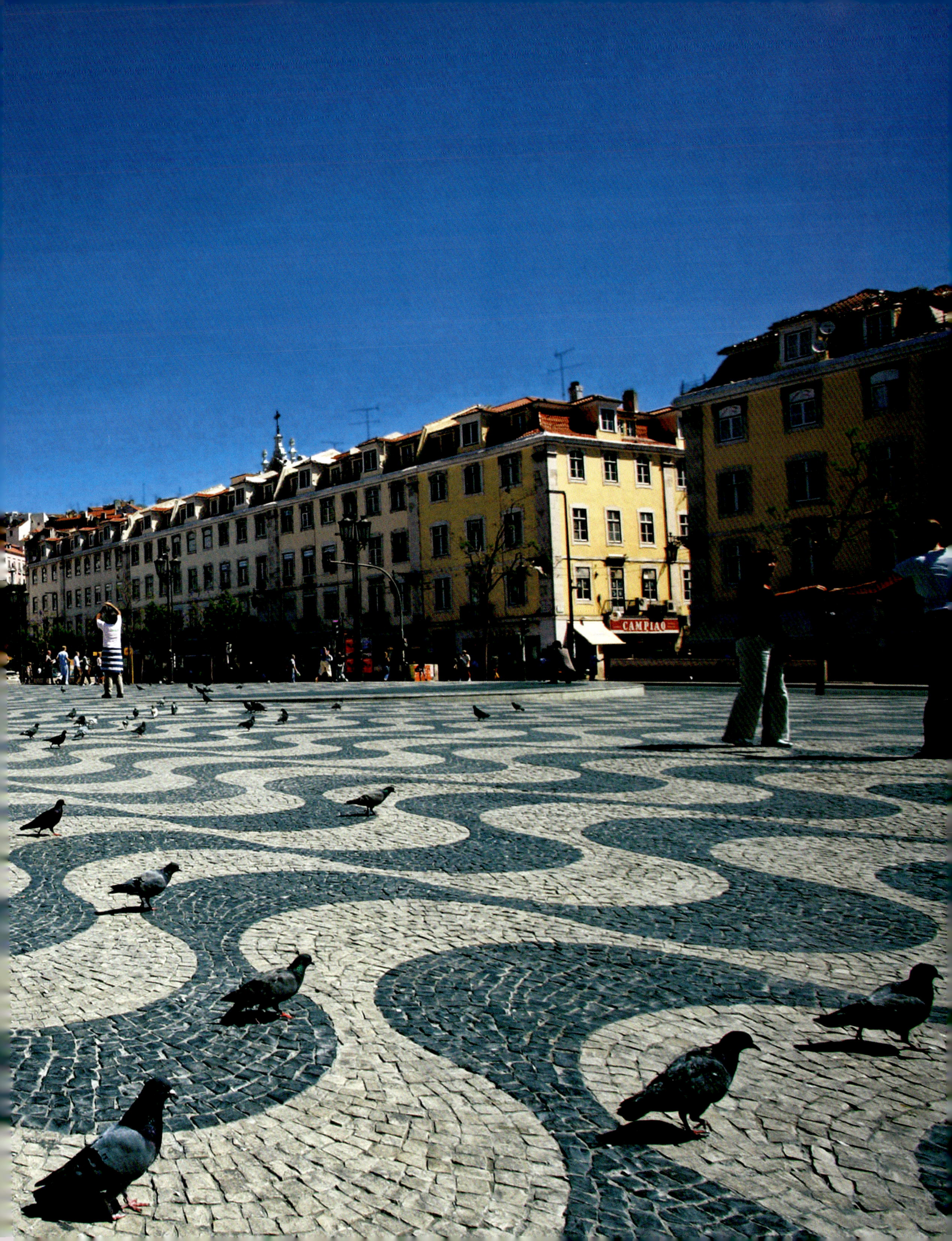
CAMPIAO

Sanfte Hügel, goldene Strände

34 oben Die Insel Corvo ist die kleinste der westlichen Azoren. Das Foto zeigt die winzige, von kaum 400 Menschen bewohnte Stadt Vila Nova do Corvo. Im Hintergrund erkennt man die Insel Flores.

34 unten Die gemeinhin als Minho bekannte Landschaft ist größer als das Tal des kleinen reißenden Flusses Minho im äußersten Norden Portugals. In den Tälern der Flüsse Lima, Cávado, Homem und Tamega prägen abwechselnd Terrassenfelder (meist Weingärten) und wilde Felsmassive sowie einzelne Esskastanienbäume das Landschaftsbild.

35 Der Minho bietet bildschöne Ansichten. Reich an Wasser, im Norden durch die Berge des spanischen Galicien und im Osten durch die Serras von Trás-os-Montes begrenzt, ist dies eine Region der Gegensätze: dunkle Wasserflächen, Pinien und Esskastanien, kleine Dörfer an Berghängen oder tief in den Tälern, und überall üppiges Grün.

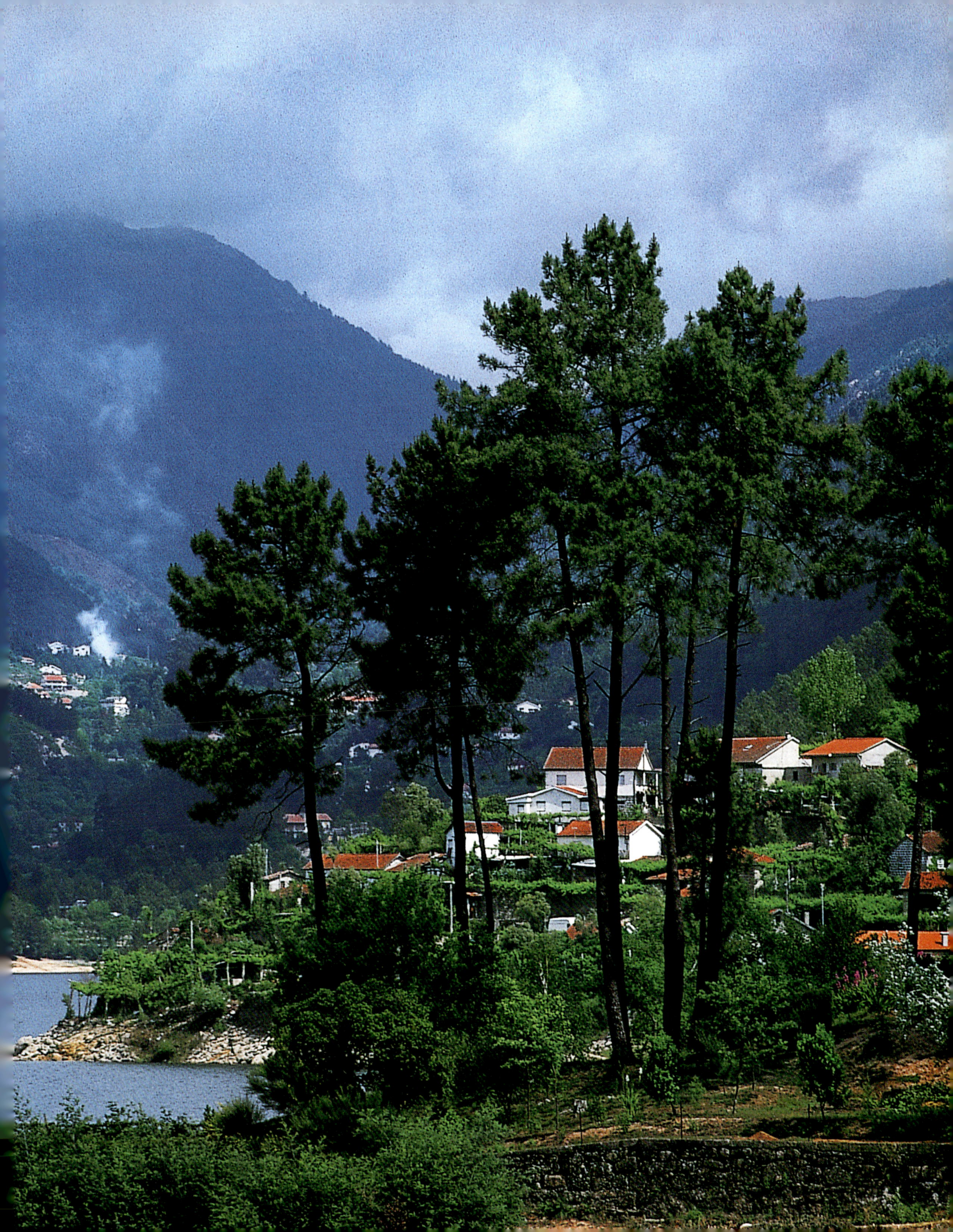

Der Minho, das grüne Herz Portugals

36 oben und Mitte Die gesamte Region des Minho wird durch das ozeanische Klima Nordportugals reichhaltig mit Niederschlägen versorgt, die man in ungewöhnlichen Staubecken, den „barragems", auffängt. An ihren Ufern mit natürlicher Vegetation liegen winzige Dörfer und üppige Felder.

36 unten Regen fällt nur acht Monate im Jahr, der Sommer ist von relativer Trockenheit geprägt. Dank dieses Klimas betreibt man in den Tälern des Minho stellenweise intensiv Weinanbau – eine der wenigen natürlichen Ressourcen dieser Landschaft.

36–37 Die Serra do Gerês ist ein Teil des Nationalparks von Peneda-Gerês, eines herrlichen Schutzgebiets nordöstlich von Braga. Man erreicht es über Peneda-Gerês und die Straße zu den „barragems". Hier findet man Natur- und Geschichtsdenkmäler, darunter die Barockpaläste von Ponte de Lima, romanische Brücken und Waldpfade sowie berauschende Panoramen von den Bergen und Staudämmen, die die gesamte Region mit Elektrizität versorgen.

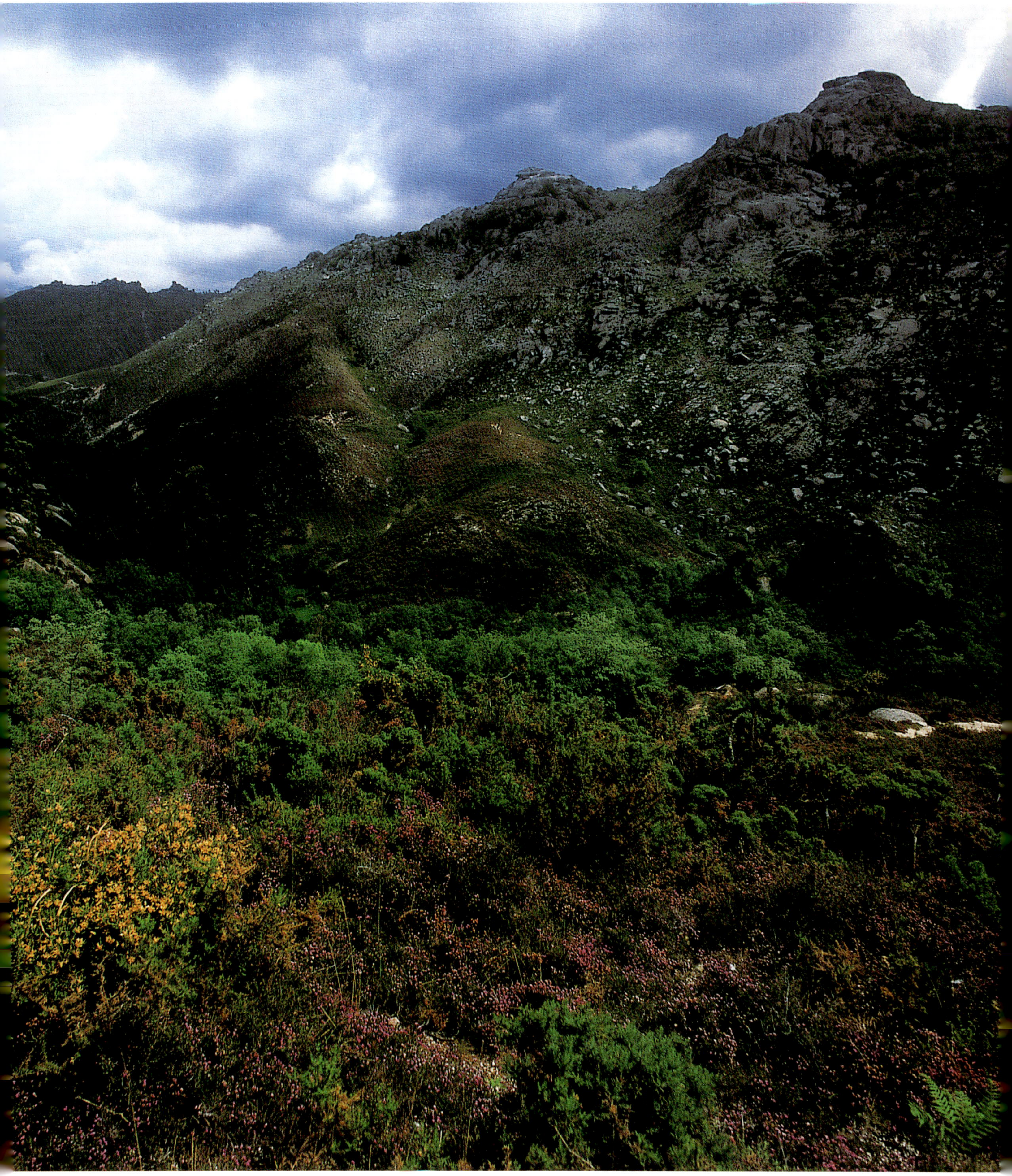

Ein Fenster zum Atlantik

38 Bei Azenhas do Mar brandet das Meer gegen die Felsen, und nur knapp darüber erheben sich die Fischerhäuser. 78 Meter tiefer planschen Gäste im Pool eines Hotels. Auch das ist Portugal: von Menschen Geschaffenes kontrastiert stets mit fantastischer, ungezähmter Natur.

39 oben Das ganze Jahr von Winden gepeitscht und knapp 140 Meter über dem Meer gelegen: Kap Roca (Cabo da Roca), der westlichste Punkt Portugals. Das Kap gilt zu Unrecht als westliches Ende Europas, denn die Küsten von Island und Irland reichen noch weiter nach Westen.

39 unten Den meisten Menschen galt (nach Kap São Vicente an der Algarve) lange das Kap Roca, ein Ausläufer der Serra da Sintra, als „Ende der Welt". Die unablässige Brandung des Meeres hat die Felsküste zernagt und so herrliche Panoramen geschaffen.

Das Land des Weines

40–41 Das Tal des Douro („Goldener Fluss") ist eine der schönsten Regionen Portugals. Hier erntet man einige der berühmtesten Trauben der Erde. Die Bauern haben die steilen Hänge terrassiert und tragen bei der Weinlese über 70 Kilogramm schwere Tragekörbe auf den Schultern. Zwei der daraus gekelterten Weine sind besonders berühmt: Der „vinho verde" verdankt seinen Namen der Traubenfarbe und ist besonders leicht, der „vinho porto" muss zwischen drei und 40 Jahren reifen. Er hat ein volles Aroma und eine kräftige Seele. Seit ein Friedensvertrag vor mehr als 300 Jahren den Freihandel zwischen England und Portugal ermöglichte, ist dieser Wein ein Handelsgut. Der Sage nach erfanden zwei Engländer den Portwein in seiner heutigen Form, indem sie ihm zwecks Konservierung auf dem Transport starken Branntwein zusetzten. Unbestritten ist, dass einige der großen Kellereien im 17. und 18. Jahrhundert von Engländern gegründet wurden.

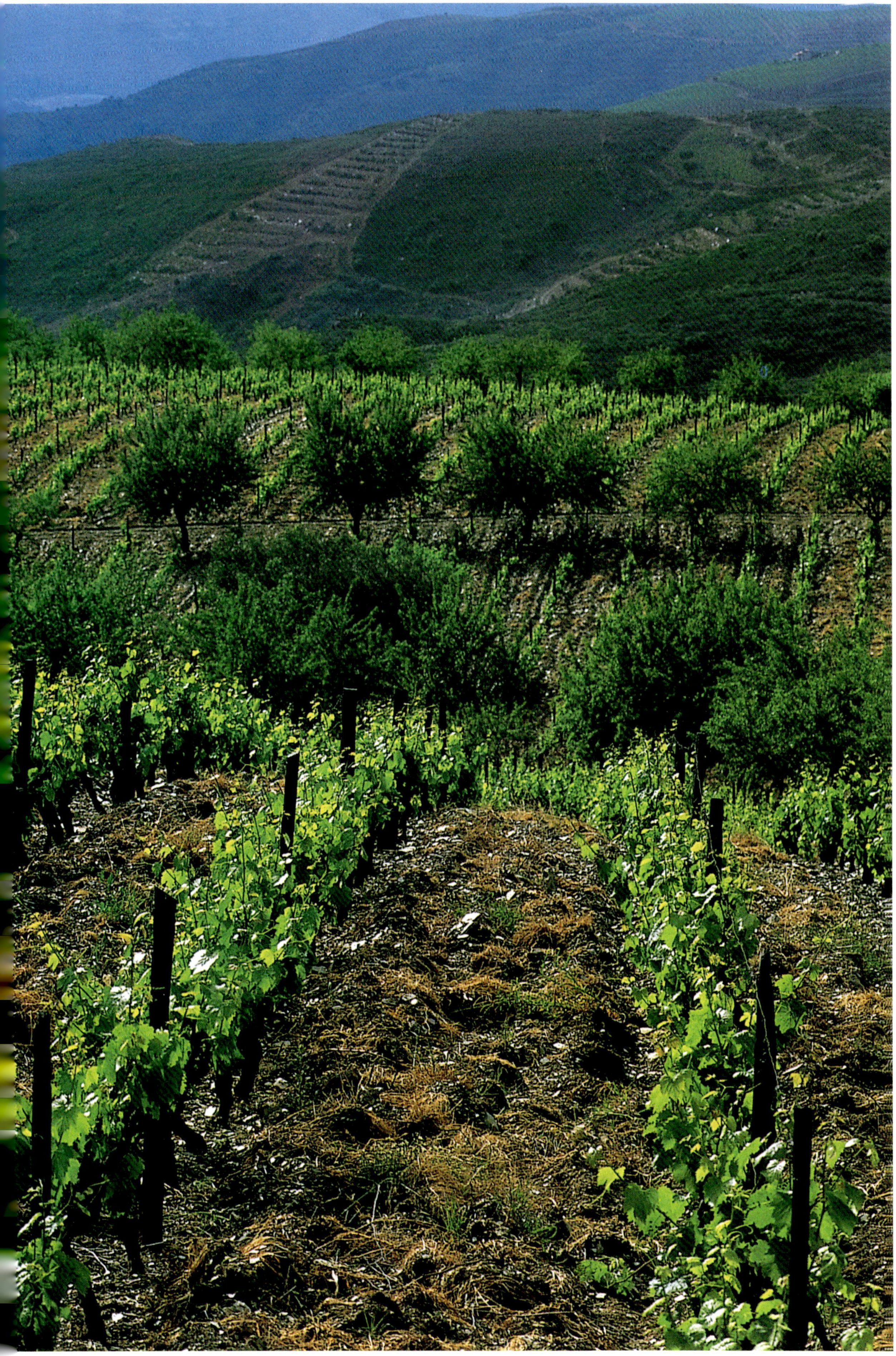

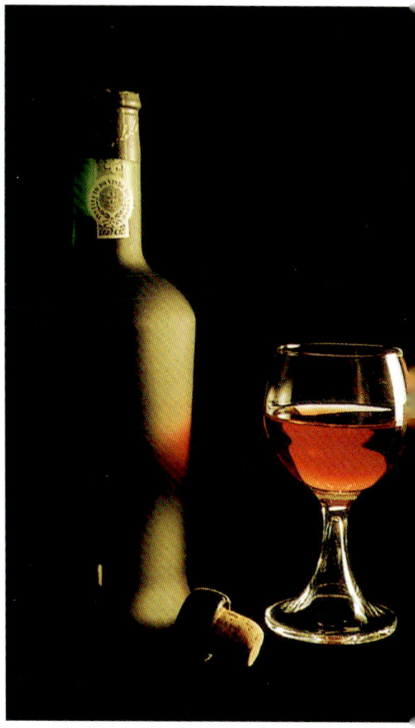

An den Küsten des Lichts

42–43 Einige Postkarten von Nazaré zeigen noch immer Fischer mit malerischen Mützen, die ihre Boote mit einem Ochsengespann an Land ziehen. So war es noch vor wenigen Jahren an Portugals wohl authentischstem Küstenabschnitt. Die Algarve mag dank Meer und tropischer Strände ein Geschenk der Natur sein, aber die Costa da Prata ist, vor allem unmittelbar bei Nazaré, das Portugal des Meeres, arm und reich zugleich, faszinierend und ungezähmt

ungeachtet des Wechsels der Zeiten und der nicht enden wollenden Touristenströme. Den Strand von Nazaré haben Generationen von Malern und Fotografen unsterblich gemacht: Fischer beim Netzflicken, bunt bemalte Boote am Ufer, in der Sonne trocknende Fische, die friedlichen oder wildbewegten Wogen des Atlantiks und kleine, am Ufer zusammengedrängte Häuser. Im Sommer glaubt man sich bei schönem Wetter am Mittelmeer, sodass sich Surfer und Windsurfer treffen. Im Winter oder bei schlechtem Wetter nimmt sich das Meer sein Recht, verschlingt weite Teile des Strandes und hüllt die Häuser in dichten Nebel. Das Dorf Sitio thront auf einem hohen Felssporn, der es schützt und die heftigen Winde abhält, die für gewöhnlich den Strand und die Küste peitschen.

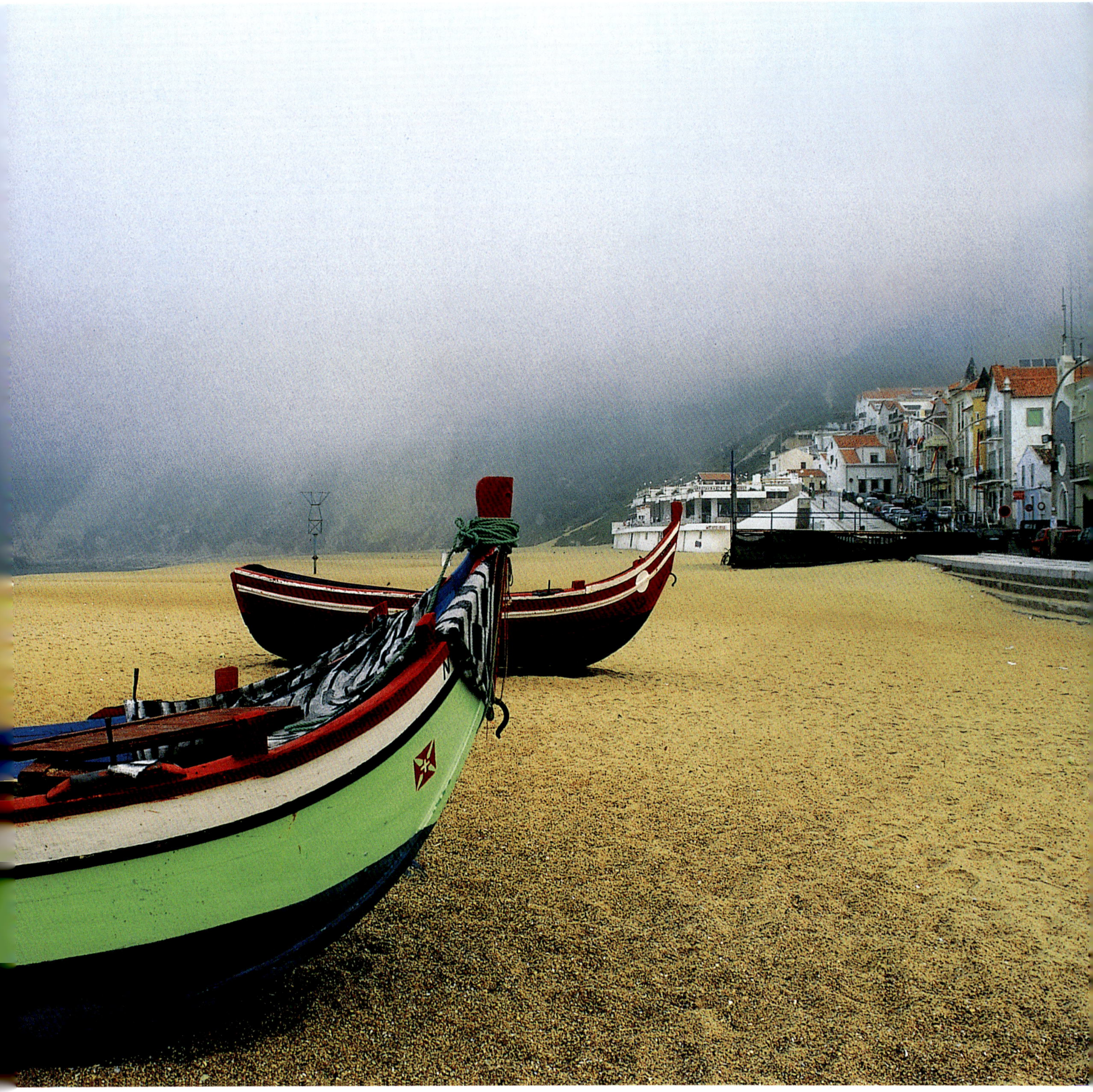

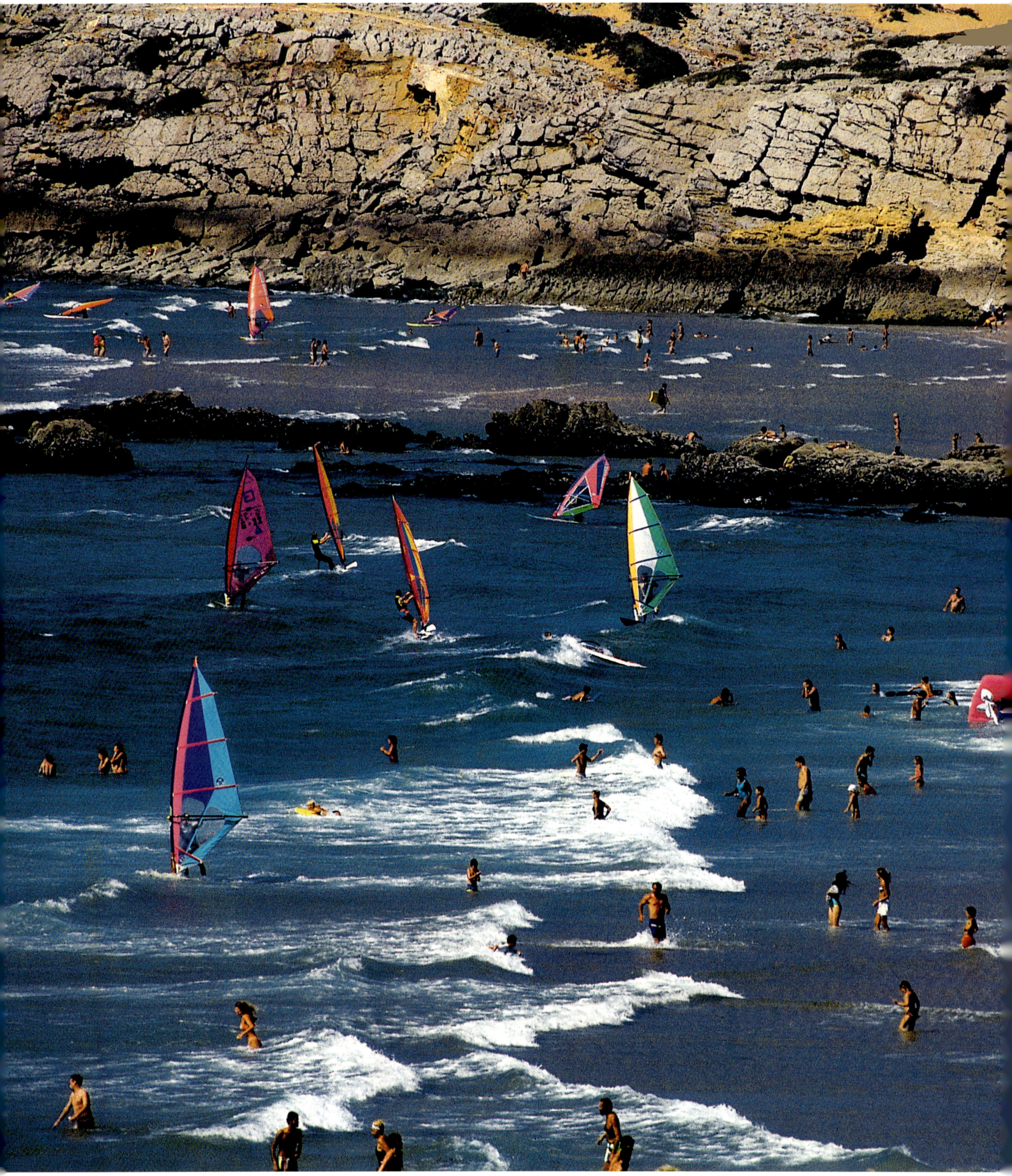

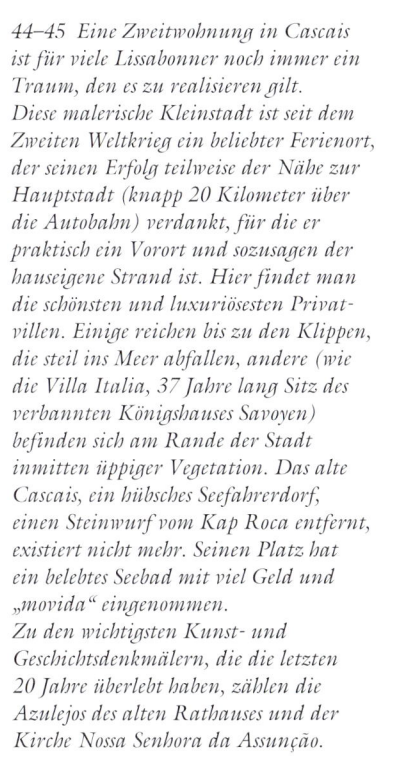

*44–45 Eine Zweitwohnung in Cascais ist für viele Lissabonner noch immer ein Traum, den es zu realisieren gilt. Diese malerische Kleinstadt ist seit dem Zweiten Weltkrieg ein beliebter Ferienort, der seinen Erfolg teilweise der Nähe zur Hauptstadt (knapp 20 Kilometer über die Autobahn) verdankt, für die er praktisch ein Vorort und sozusagen der hauseigene Strand ist. Hier findet man die schönsten und luxuriösesten Privatvillen. Einige reichen bis zu den Klippen, die steil ins Meer abfallen, andere (wie die Villa Italia, 37 Jahre lang Sitz des verbannten Königshauses Savoyen) befinden sich am Rande der Stadt inmitten üppiger Vegetation. Das alte Cascais, ein hübsches Seefahrerdorf, einen Steinwurf vom Kap Roca entfernt, existiert nicht mehr. Seinen Platz hat ein belebtes Seebad mit viel Geld und „movida" eingenommen.
Zu den wichtigsten Kunst- und Geschichtsdenkmälern, die die letzten 20 Jahre überlebt haben, zählen die Azulejos des alten Rathauses und der Kirche Nossa Senhora da Assunção.*

Der Alentejo, Kornkammer Portugals

46 links Monsaraz ist ein altes Festungsdorf an der Grenze zwischen dem Alentejo und Spanien, das sein mittelalterliches Flair bewahrt hat.

46 rechts Estremoz liegt östlich von Lissabon im Zentrum der Ebenen des Alentejo. Seinen Wohlstand verdankt es der sehenswerten Azulejo-Manufaktur und einem der zahlreichen königlichen Landschlösser, das heute als Hotel dient.

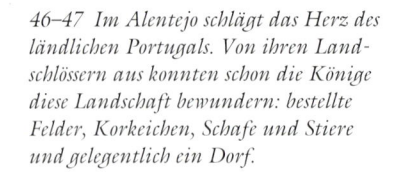

46–47 Im Alentejo schlägt das Herz des ländlichen Portugals. Von ihren Landschlössern aus konnten schon die Könige diese Landschaft bewundern: bestellte Felder, Korkeichen, Schafe und Stiere und gelegentlich ein Dorf.

48–49 Der Alentejo ist ein Reiseziel mit Klasse, voll nostalgischer Reize. Die Bragança verbrachten hier viel Zeit, und hier haben einige demokratische Bewegungen ihren Ursprung. Die schönsten Landhäuser hat man zu „pousadas" umfunktioniert.

50–51 Das malerische Dorf Monsanto in Beira galt in den 1950er-Jahren als charakteristischstes Dorf Portugals: Granithäuser, blumengesäumte Gassen, zierliche Dekors und ein silberner Hahn, der den Kirchturm ziert.

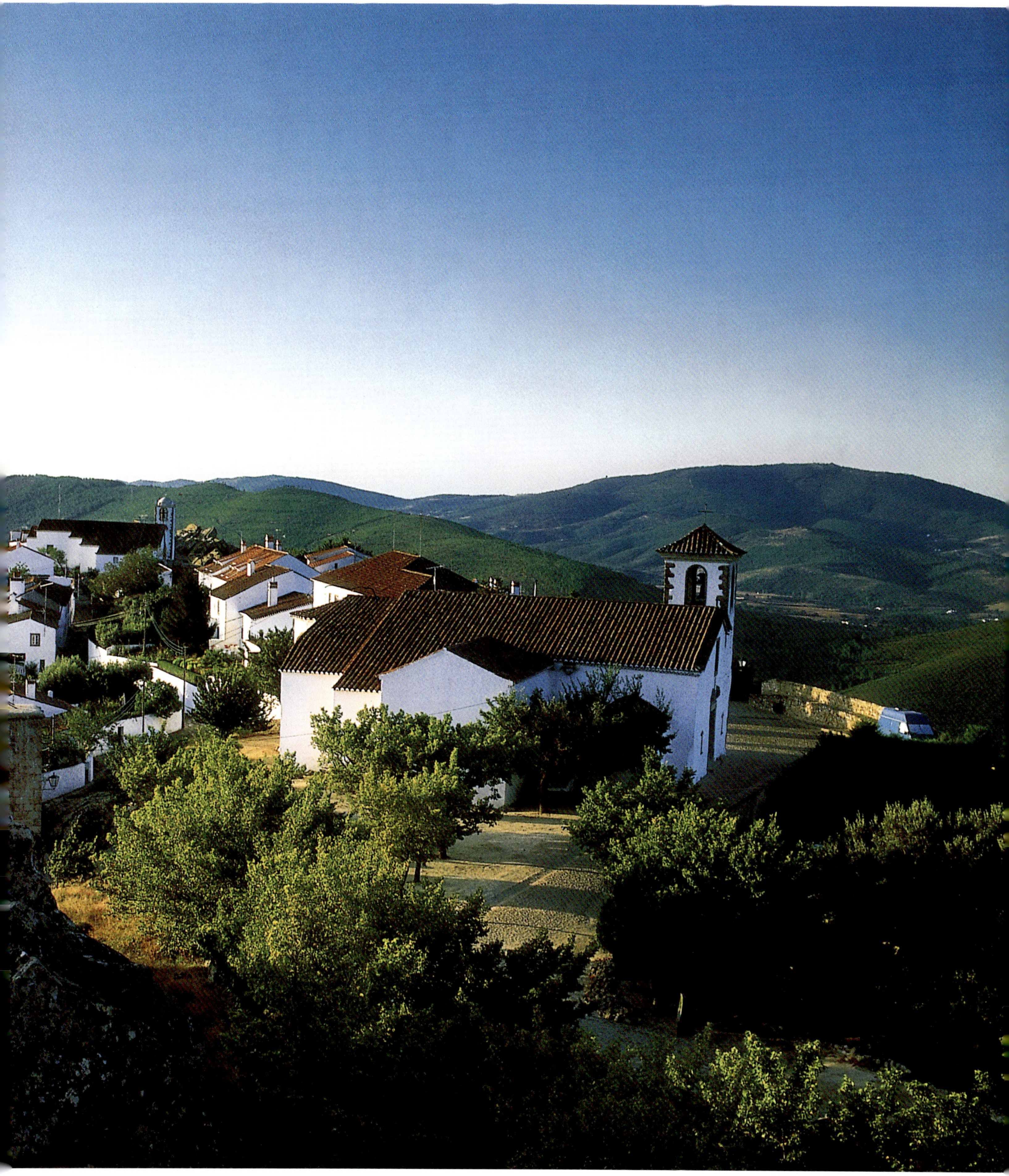

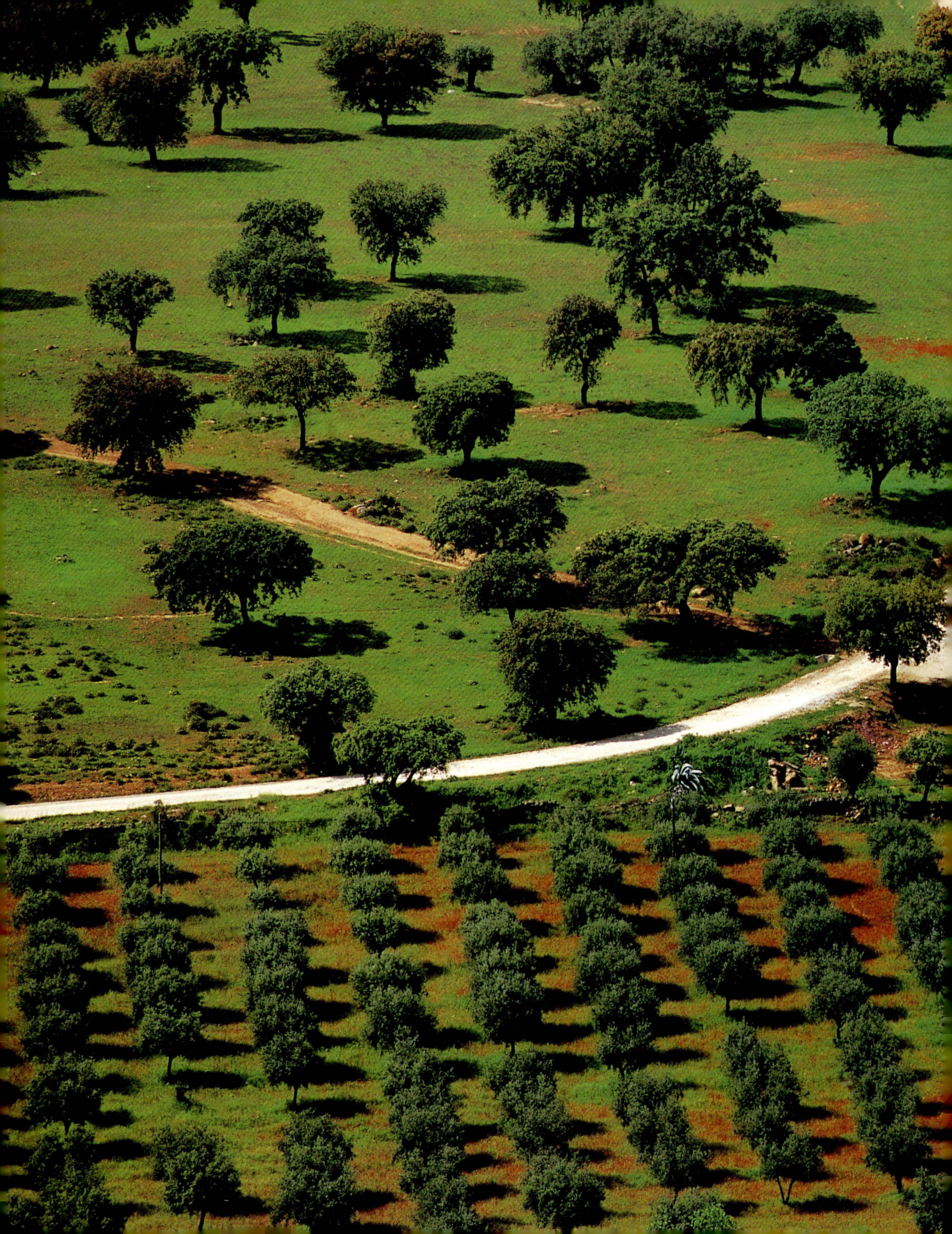

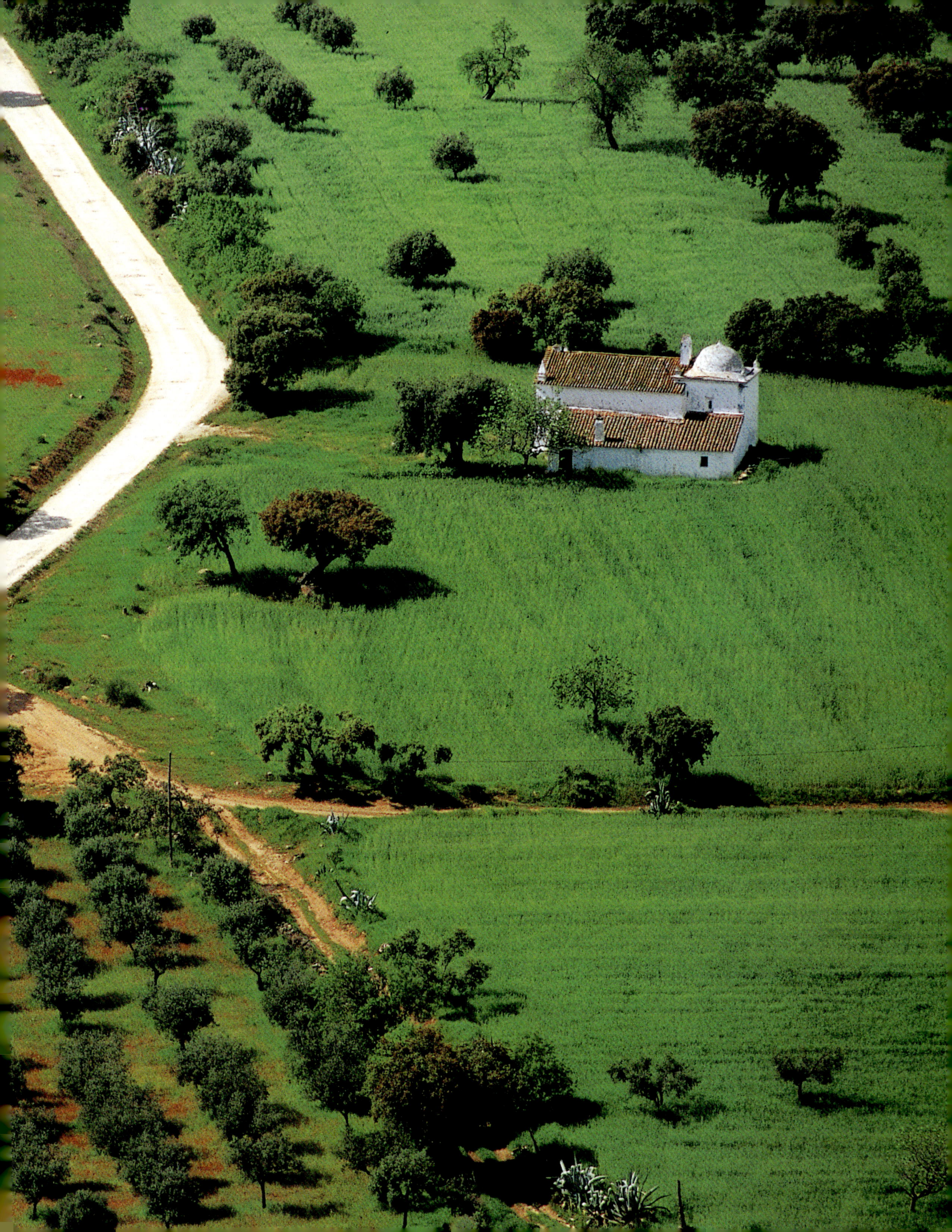

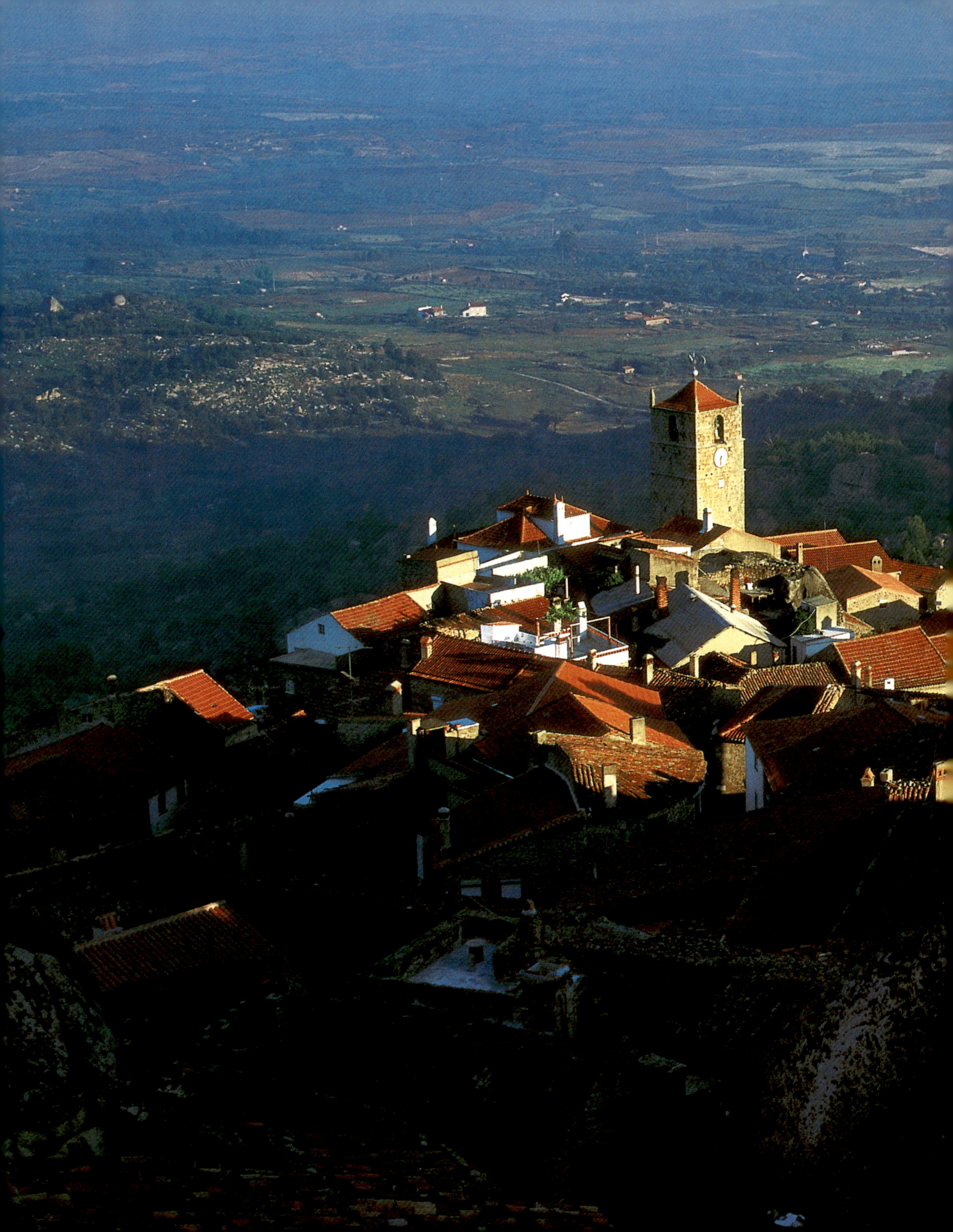

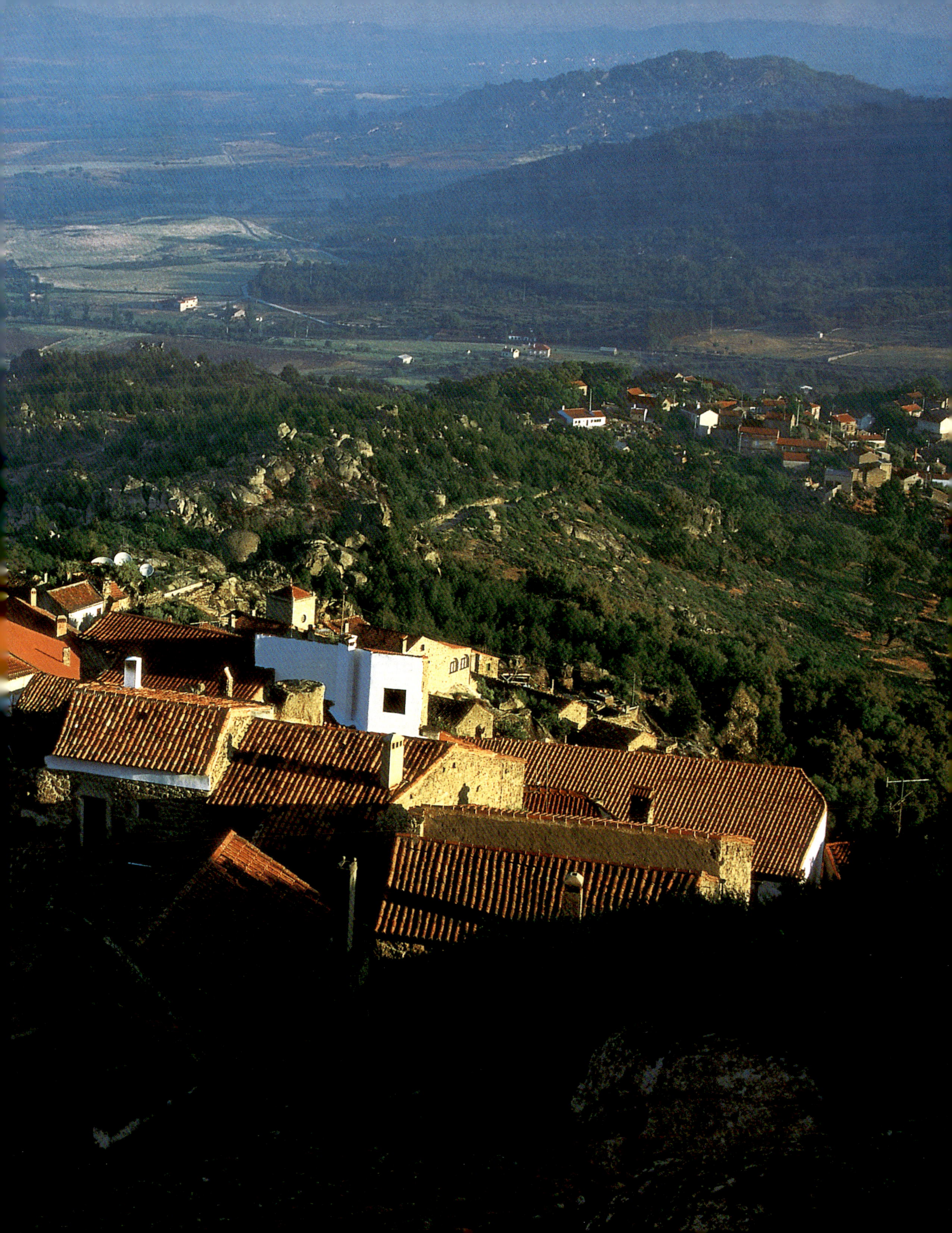

Die Algarve, der Garten des Westens

52 oben Kap São Vicente, das lange Zeit als das „Ende der Welt" galt, ist der westlichste Punkt der Algarve.

52 unten Das ungewöhnliche Bodenrelief der Algarve (arabisch „al-Gharb", „Garten des Westens") bietet fantastische Szenerien. In manchen Gegenden birgt die felsige Steilküste kleine Buchten, wie hier bei Sagres. Weiter östlich ist sie flach, mit weiten Stränden und Küstenlagunen, hinter denen sich hohe Dünen erheben.

53 oben Praia da Rocha zwischen Portimão und Lagos ist einer der berühmtesten Orte der Algarve. Bereits im frühen 20. Jahrhundert war es für seine feinkörnigen, von verwitterten Steilfelsen überragten Sandstrände und das kristallklare Wasser berühmt.

53 unten Die Küste bei Portimão, einem bekannten Seebad im Herzen der Algarve, ist ein Paradies für Wasserratten. Die Felsküste birgt windgeschützte Buchten. Portimão hat eine lange seemännische Tradition. Es ist der Haupthafen der Region, und seine Einwohner leben von Tourismus und Sardinenfang.

54–55 Mit weißen Häusern hoch über dem Meer, bunten Fischerbooten und einem ganzjährig blauen Himmel verkörpert das Dorf Ferragudo die ganze Schönheit der Algarve.

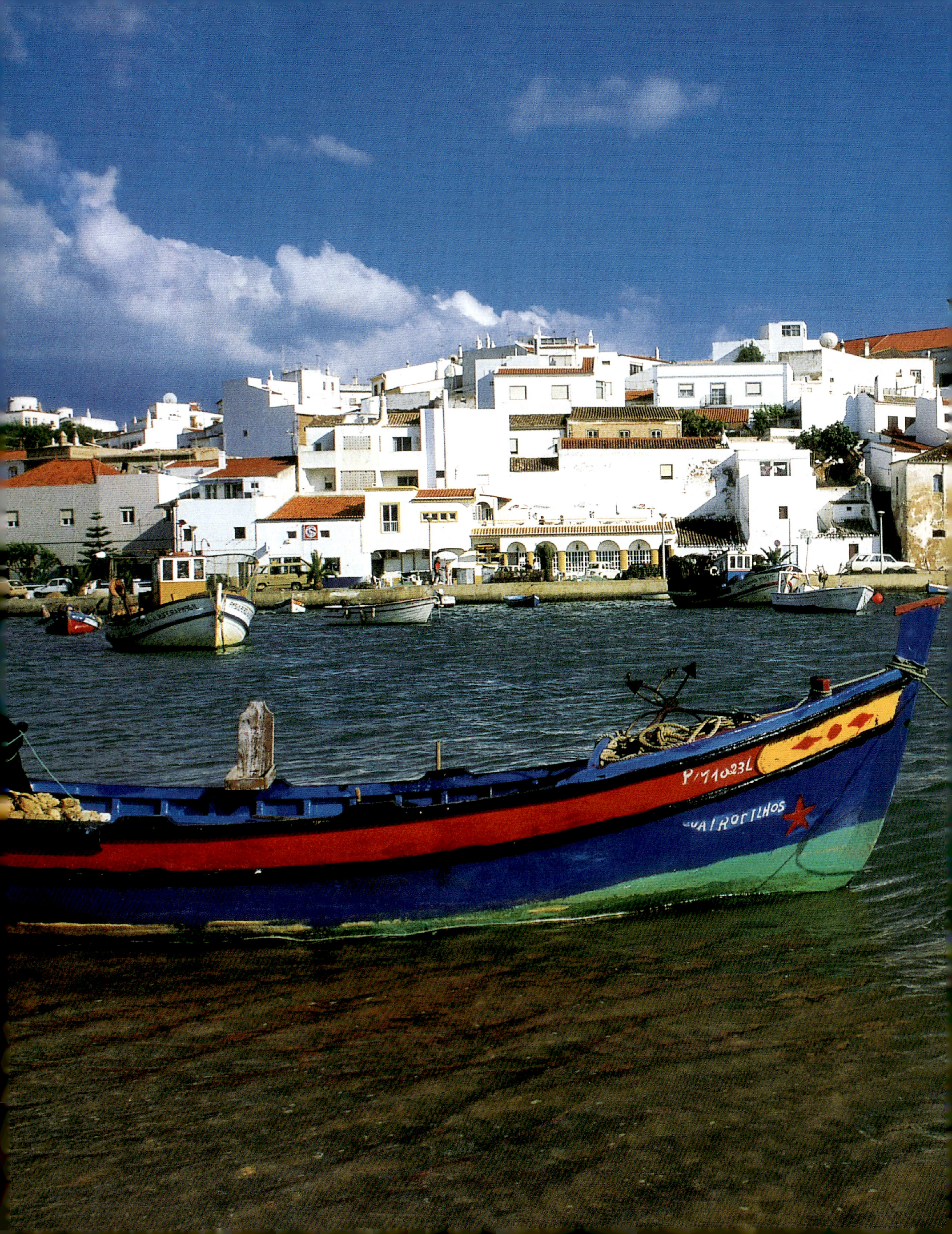

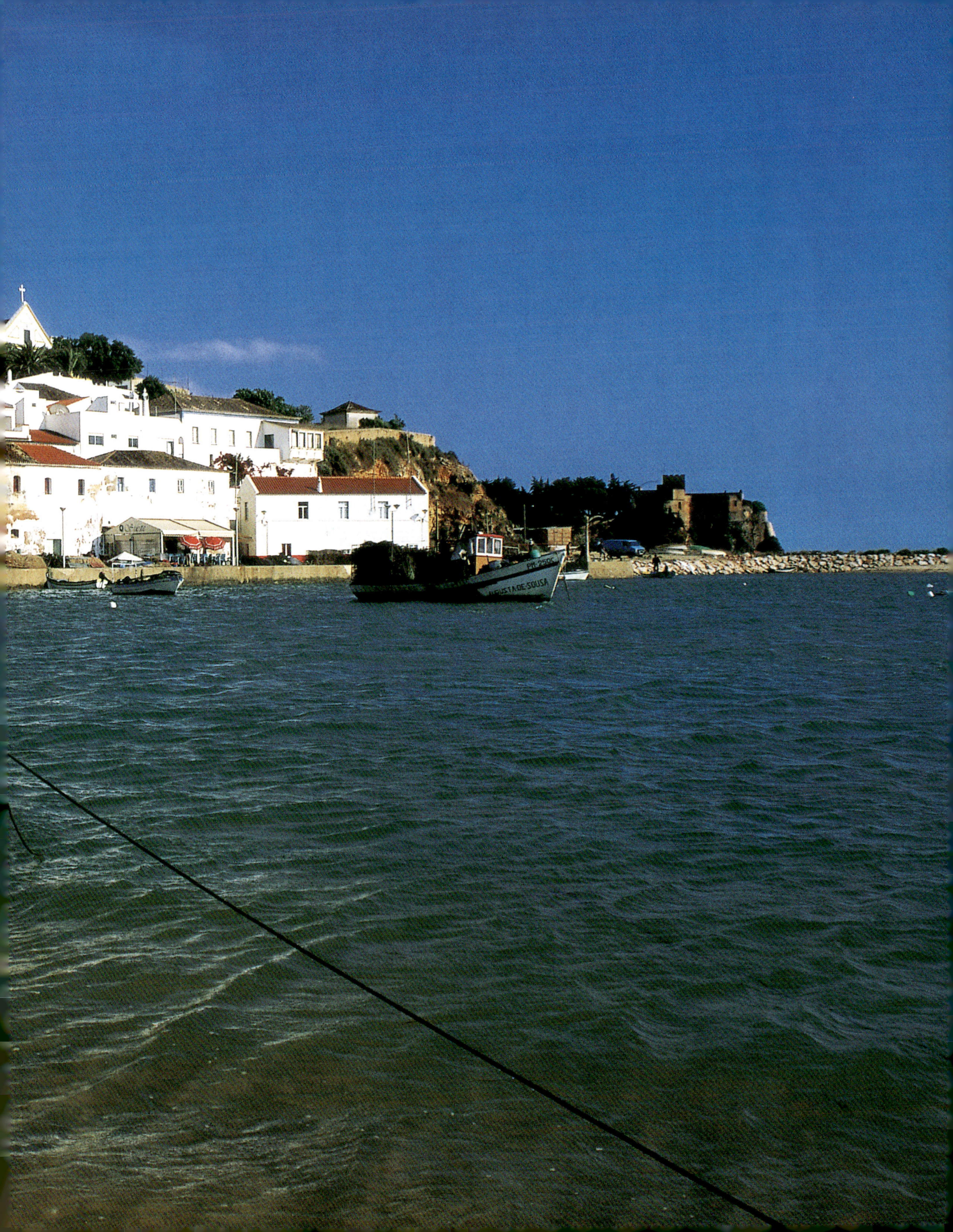

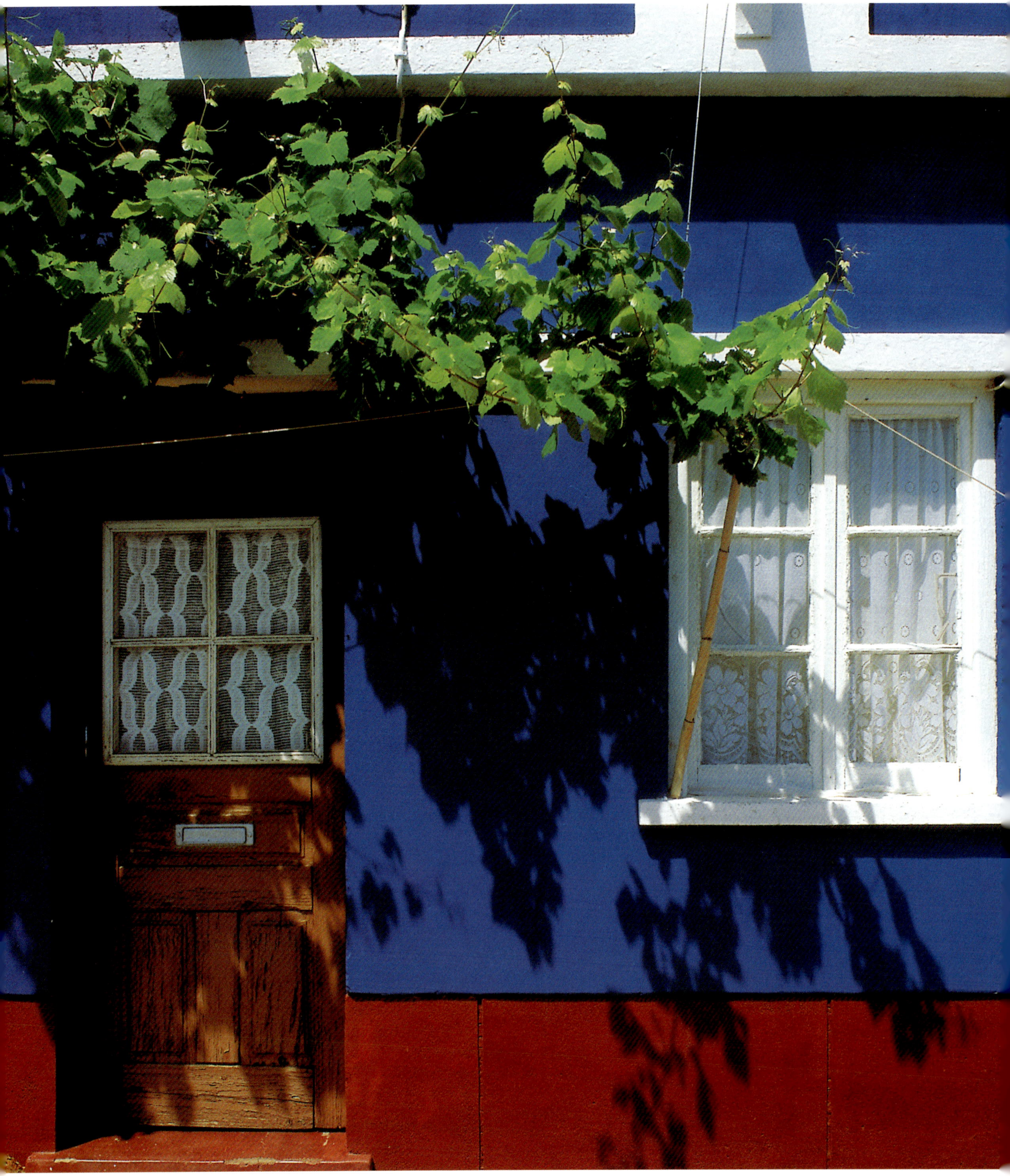

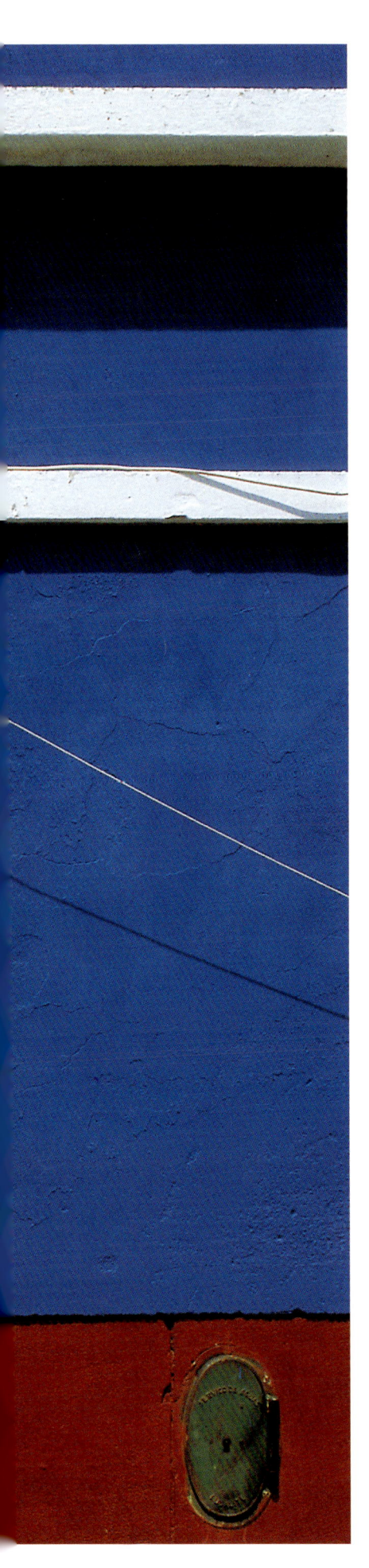

56–57 Farbe ist ein Grundelement der portugiesischen Landschaft: Weiße Mauern und blaue Zierelemente stehen für die mediterrane Tradition. Das typische Rot und Grün der Fischerboote bilden die beliebteste Farbkombination der Portugiesen; sie erscheint auch auf der Staatsflagge. Bei diesem Haus in Vila do Bispo an der Algarve sind die Farben umgekehrt: Zu tiefblauen Mauern (mit einem Streifen von Rot) gesellen sich weiße Stuckarbeiten und Fensterläden.

57 oben und Mitte Vila do Bispo ist ein hübsches Fischerdorf sechs km nördlich von Sagres. Trotz des jüngsten Touristenbooms hat es sein ursprüngliches Erscheinungsbild mit kleinen blau-weißen Häusern, engen Gassen, Azulejos und Ziergummibäumen bewahrt.

57 unten Tavira an der Algarve ist eine Kleinstadt wenige Kilometer von der spanischen Grenze entfernt. Sie ist berühmt für die Brücke (17. Jahrhundert) über den Rio Asséca, die stadtbeherrschende Maurenburg und ihre frühere Bedeutung als Hafen. In ihrer langen Geschichte war die Stadt stets eng mit dem Meer verbunden. Das zeigt sich auch im Schmuck der Kirchen: Innen wie außen überwiegen – wie auf dem Foto – Meeresmotive (etwa Muscheln, stilisierte Galionsfiguren, Wellen, Seepferdchen).

58–59 Der mit 175 Meter Höhe beeindruckendste Fels der Algarve ragt bei Vila do Bispo aus dem Meer. An der gesamten Küste wechseln kleine goldgelbe Strände mit felsigen Partien ab, an denen die Meereserosion in Jahrhunderten wild durchwogte unterseeische Tunnel schuf.

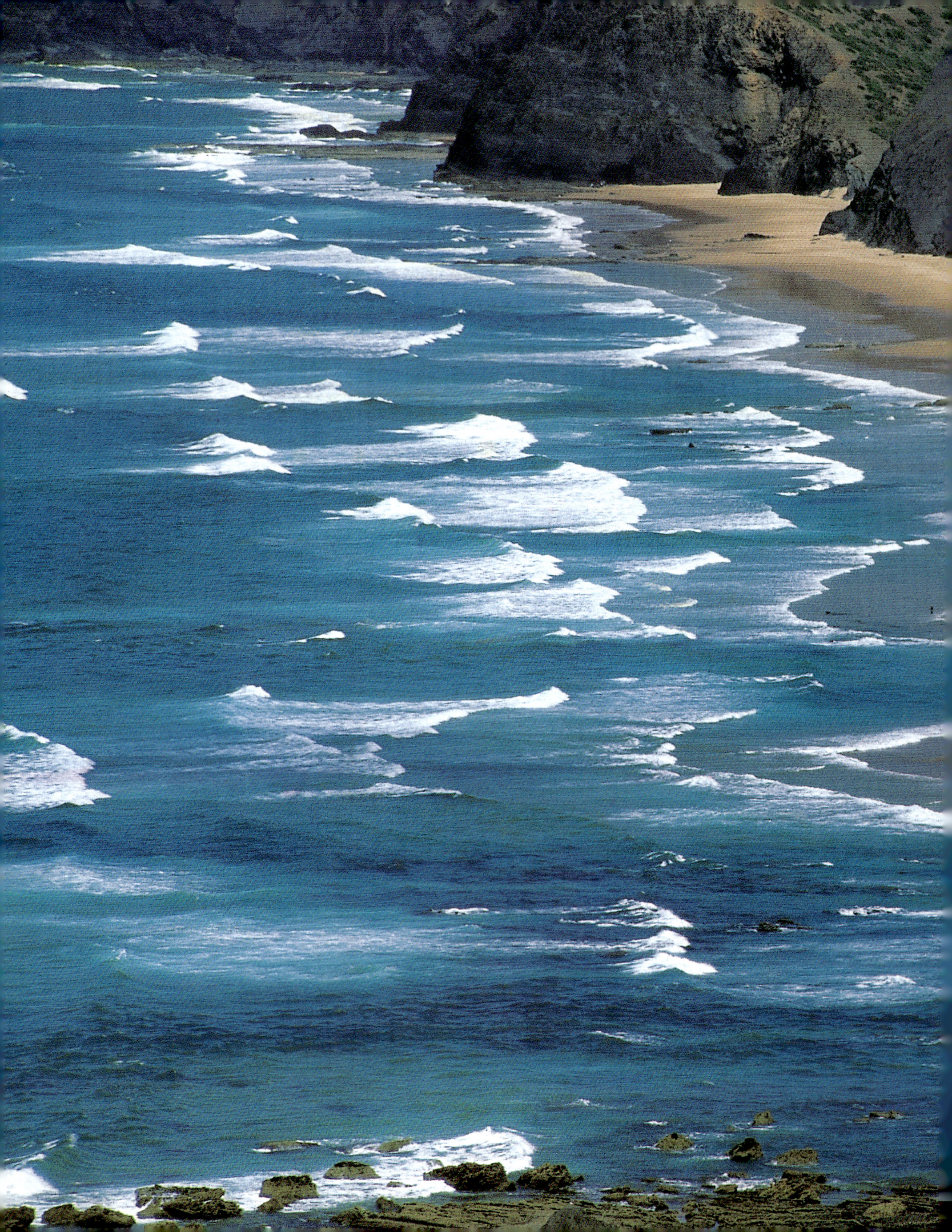

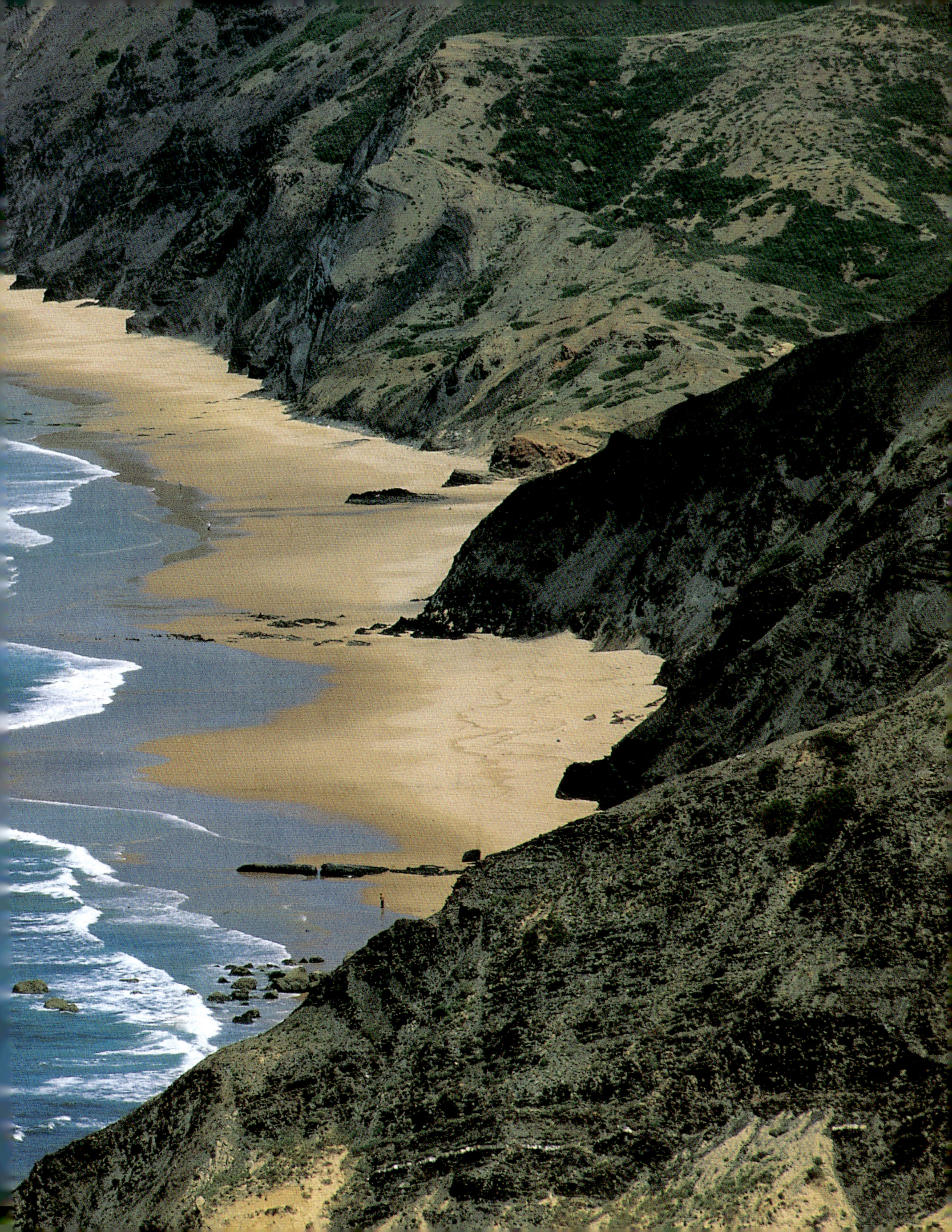

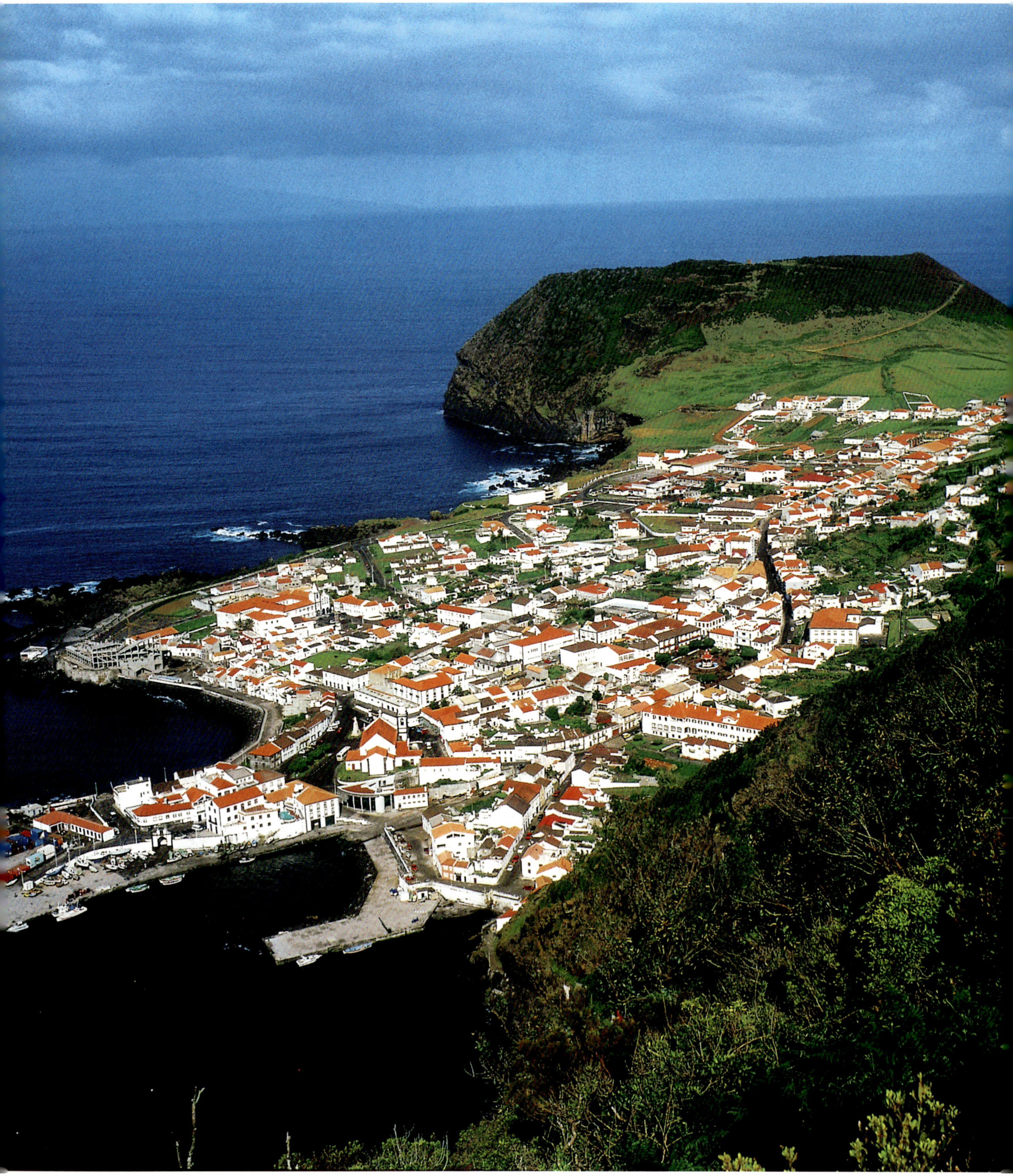

Madeira und die Azoren, Inseln der Blumen

60–61 Die Hafenstadt Velas ist der Hauptort der Azoreninsel São Jorge. Das Eiland im Herzen des Archipels ist überwiegend bergig (ein Gipfel erreicht 1053 m) und üppig begrünt.

61 links Ein Foto von der Flamengos-Mühle ist ein Muss für alle Besucher von Faial, der fünftgrößten Insel der Azoren. Die Insel ist nach der Wachsmyrte (Myrica faya) benannt, die hier häufig vorkommt.

61 oben rechts Ihre Größe und Schönheit machten São Miguel zur berühmtesten Insel der Azoren. Das Foto einer der Insellagunen zeigt den vulkanischen Ursprung der jahrtausendealten Insel.

61 unten rechts Die grünen, eher ruhigen Azoren haben ihr ursprüngliches Flair bewahrt. Sie erfreuen sich eines ganzjährig milden Klimas und stetiger Winde, die sie zum Paradies für Segler und Tiefseeangler machen. Zusammen mit Faial beherbergt Pico (Foto) das Museu dos Baleeiros, das der seemännischen Tradition und dem hier in früheren Zeiten betriebenen Walfang gewidmet ist. Pico verdankt seinen Namen dem landschaftsbeherrschenden Berg, einem erloschenen Vulkan, der mit 2319 Metern der höchste der Azoren ist.

62 oben Angra – mit vollem Namen Angra do Heroismo – ist der einzige bewohnte Ort auf Terceira und der wichtigste der Azoren, denn die UNESCO hat das unverfälschte Beispiel eines Renaissance-Dorfes zum Weltkulturerbe erklärt.

62 Mitte Die Insel Terceira war jahrhundertelang ein Zwischenhafen für alle Schiffe, die rund um Afrika nach Indien segelten. Alle wichtigen Expeditionen der großen Entdecker – von Bartolomëu Diaz bis Vasco da Gama – ankerten hier, um Vorräte aufzunehmen oder Schutz zu suchen. Der höchste Punkt der Insel, die Caldera de Santa Barbara, diente Schiffen lange als Seezeichen.

62 unten Terceira ist berühmt für seine Stierkämpfe, die sich von den blutigeren spanischen und den stärker ritualisierten portugiesischen unterscheiden. Wie der Name „tourada da corda" andeutet, zerrt man den Stier an einem Seil durch die Straßen. Natürlich befreit er sich leicht von dieser unbequemen „Leine" und läuft frei durch die Menge, gereizt von den Kühnsten, die ihn zügeln wollen.

62–63 Flores, die westlichste Insel der Azoren, ist zwar weltweit vor allem durch das örtliche Kunsthandwerk – Objekte aus Feigenbaummark oder Fischschuppen – bekannt, birgt jedoch auch einzigartige Naturschönheiten. Das Relief ist äußerst bewegt, mit Wasserfällen, Kraterseen und einer dichten Vegetation, die tropisch-bunte Blütenpflanzen prägen.

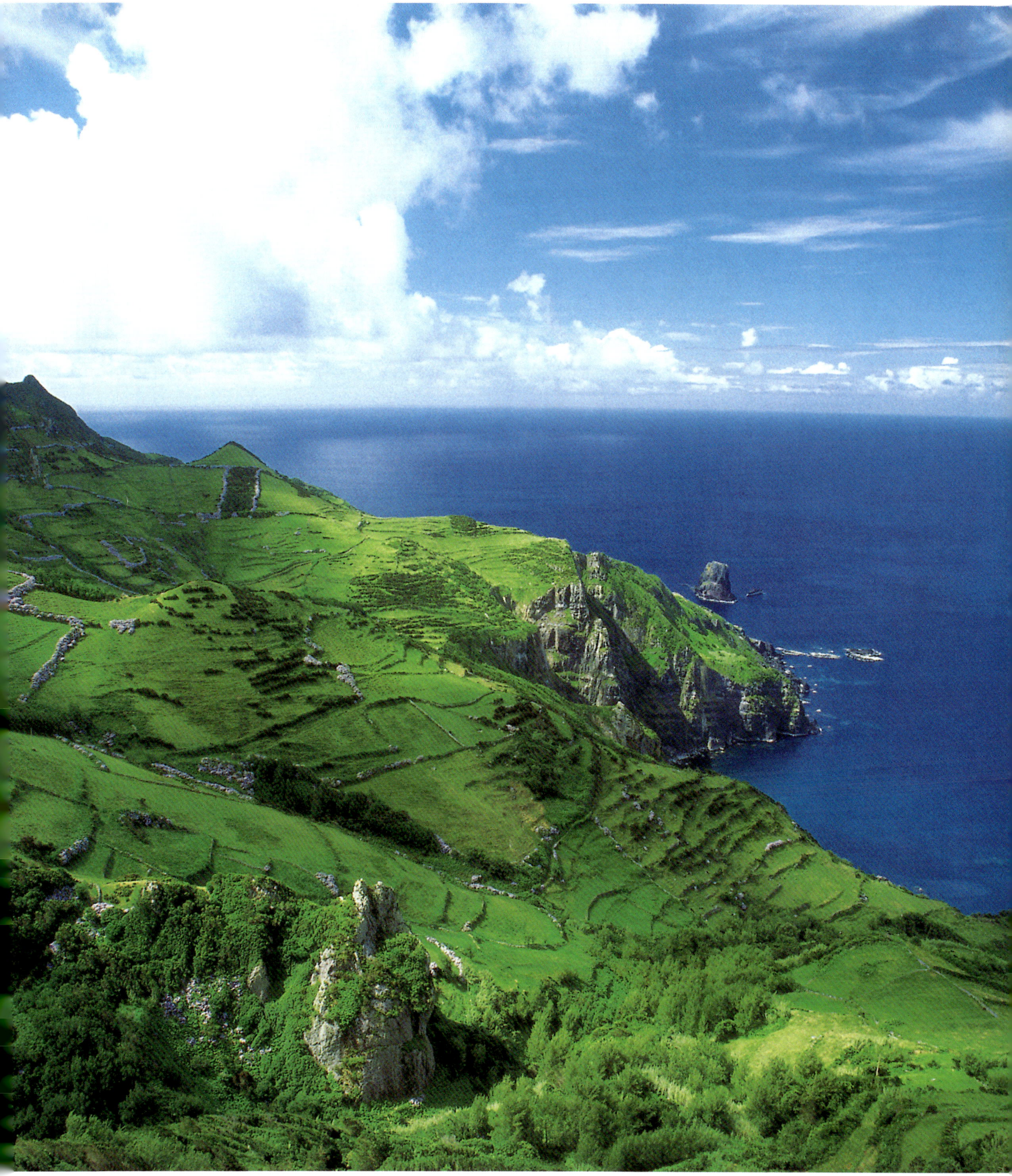

64 oben In Câmara de Lobos, einer Stadt auf Madeira, fischt man seit Jahrhunderten den Schwarzen Schwertfisch, ein traditionelles Gericht der Insel. Die sanfte Küstenlandschaft findet sich in den Gemälden Winston Churchills verewigt, der hier oft zu Besuch weilte.

64 unten Funchal, die Hauptstadt Madeiras, bietet bedeutende Denkmäler der Vergangenheit, aber auch moderne Bauten und komfortable Touristenunterkünfte.

65 oben Weite Teile Madeiras sind terrassiert. Hier werden die Trauben für den berühmten likörähnlichen Wein kultiviert, der den Namen der Insel trägt. Neben Wein exportiert Madeira Spitze und Korbwaren sowie tropische Blumen und Früchte.

65 unten Rund um den Pico Ruivo und um Paul da Serra bewahrt das bergige Binnenland Madeiras sein ursprüngliches Bild. Die ersten Besucher fanden hier dichten Wald vor und nannten die Insel Madeira (portugiesisch „Holz").

66–67 Die den Nordwinden und -wellen ausgesetzte Küste bei Porto Moniz, der zweitgrößten Stadt Madeiras, ist zerklüftet und mit Buchten übersät. Die Natur hatte hier offenbar Spaß daran, seltsame Szenerien zu schaffen: steile Uferklippen und erstarrte Lavaströme, die zu „Pools" erodierten, natürlichen Becken, in denen sich das Meerwasser hält und erwärmt.

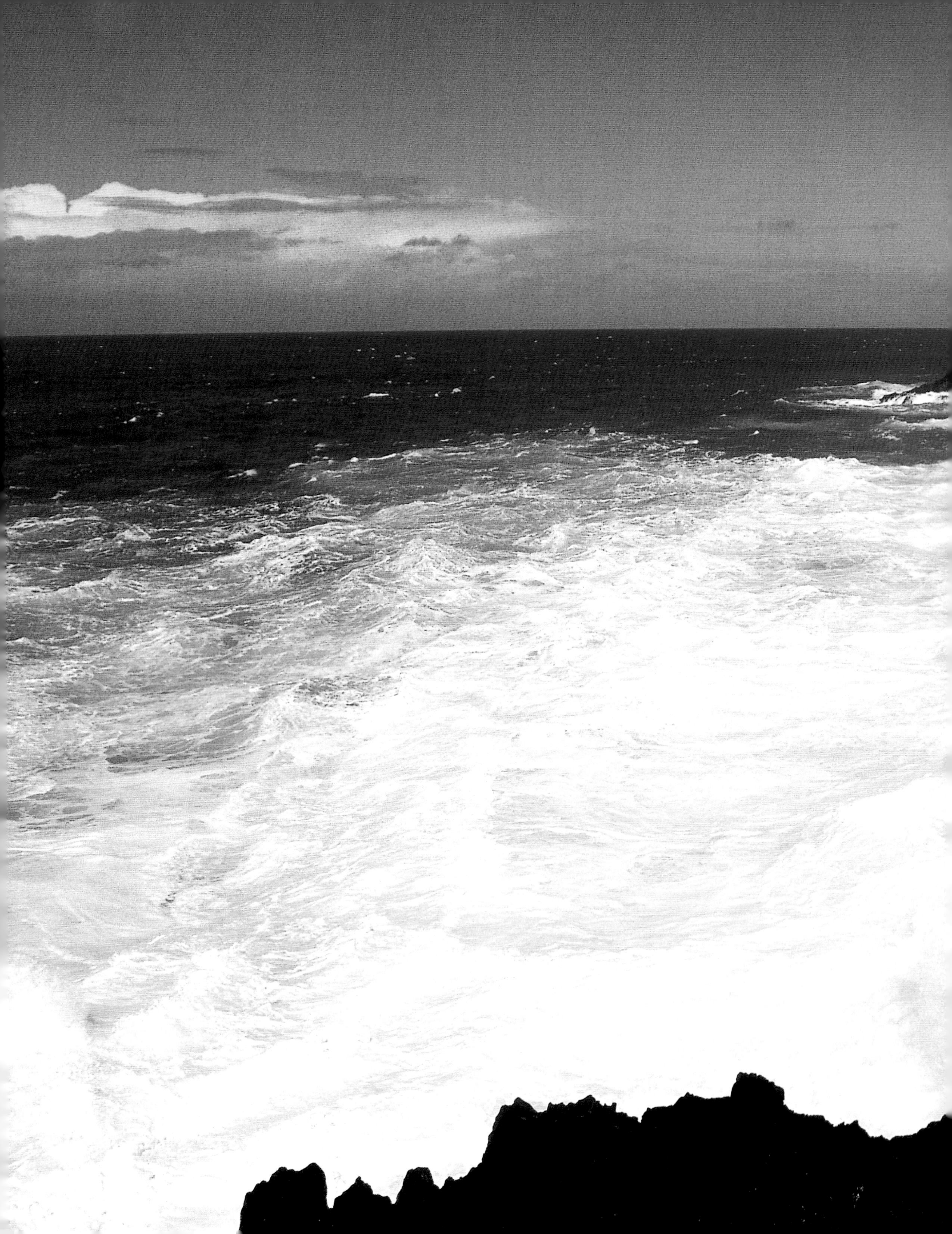

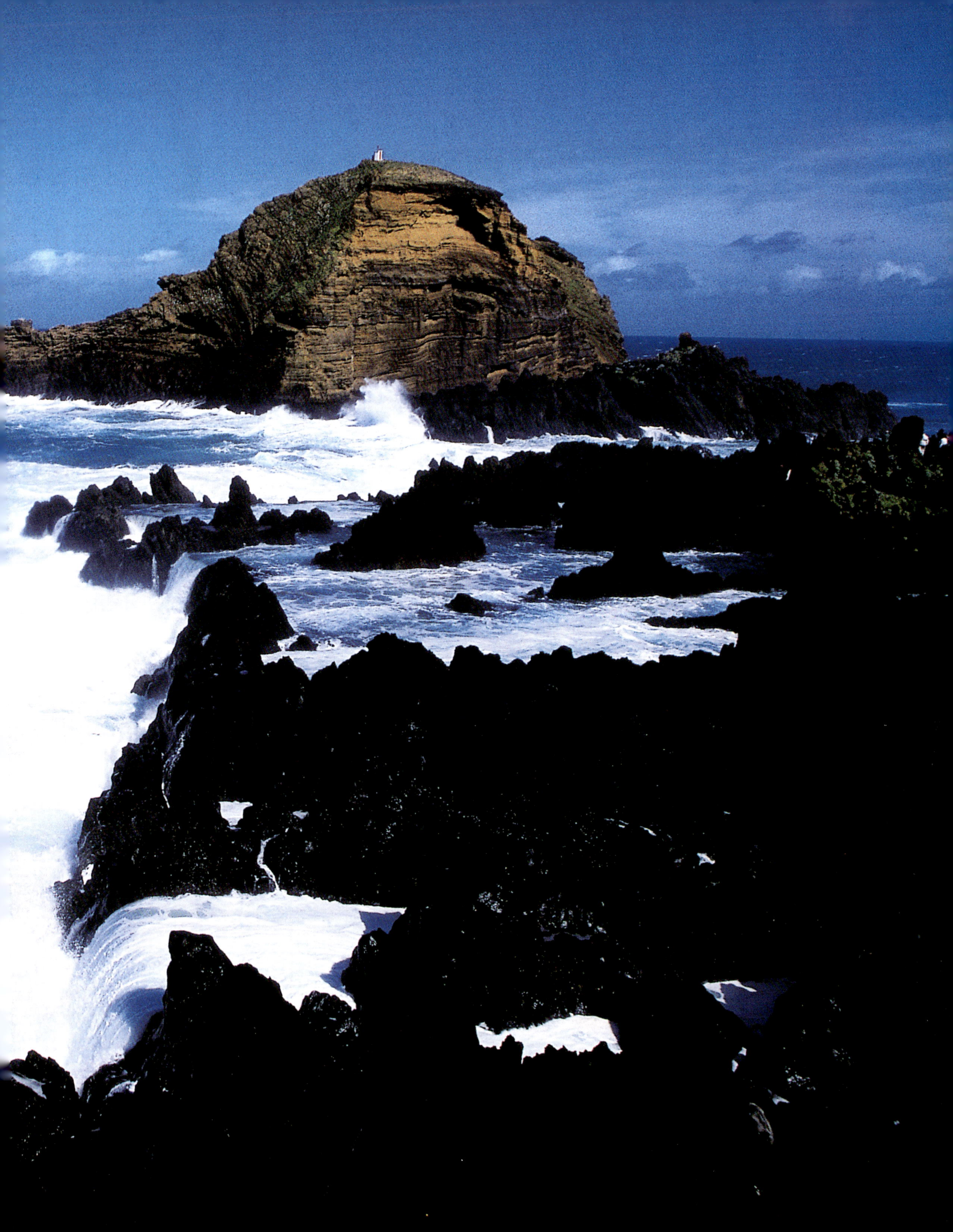

Das Flair der großen Städte

68 oben Das Castelo de São Jorge beherrscht die Baixa oder Unterstadt, jenes Viertel Lissabons, das beim Erdbeben im Jahr 1755 zerstört und in knapp 30 Jahren im französischen Geschmack der Epoche wieder aufgebaut wurde. Breite Durchgangsstraßen und imposante Palais mit den typischen amarantroten Dächern traten an die Stelle des am schwersten getroffenen Maurenviertels.

68 unten Der Aqueduto das Aguas Livres durchquert das gesamte Alcantaratal am Rande der portugiesischen Hauptstadt. Sein Bau dauerte mehr als 300 Jahre und löste das Hauptproblem Lissabons, den Wassermangel.

69 Das Kloster Batalha verbindet den Himmelsdrang der Gotik mit den sublimen Zierraten des Emanuelstils, der zu Portugals goldenem Zeitalter passt. Türme, Fialen und Spitzbogengewölbe des Klosters spiegeln die Himmelssehnsucht des Menschen wider, während Muscheln, Netze und Schifftaue für die großen Seeabenteuer der Epoche stehen.

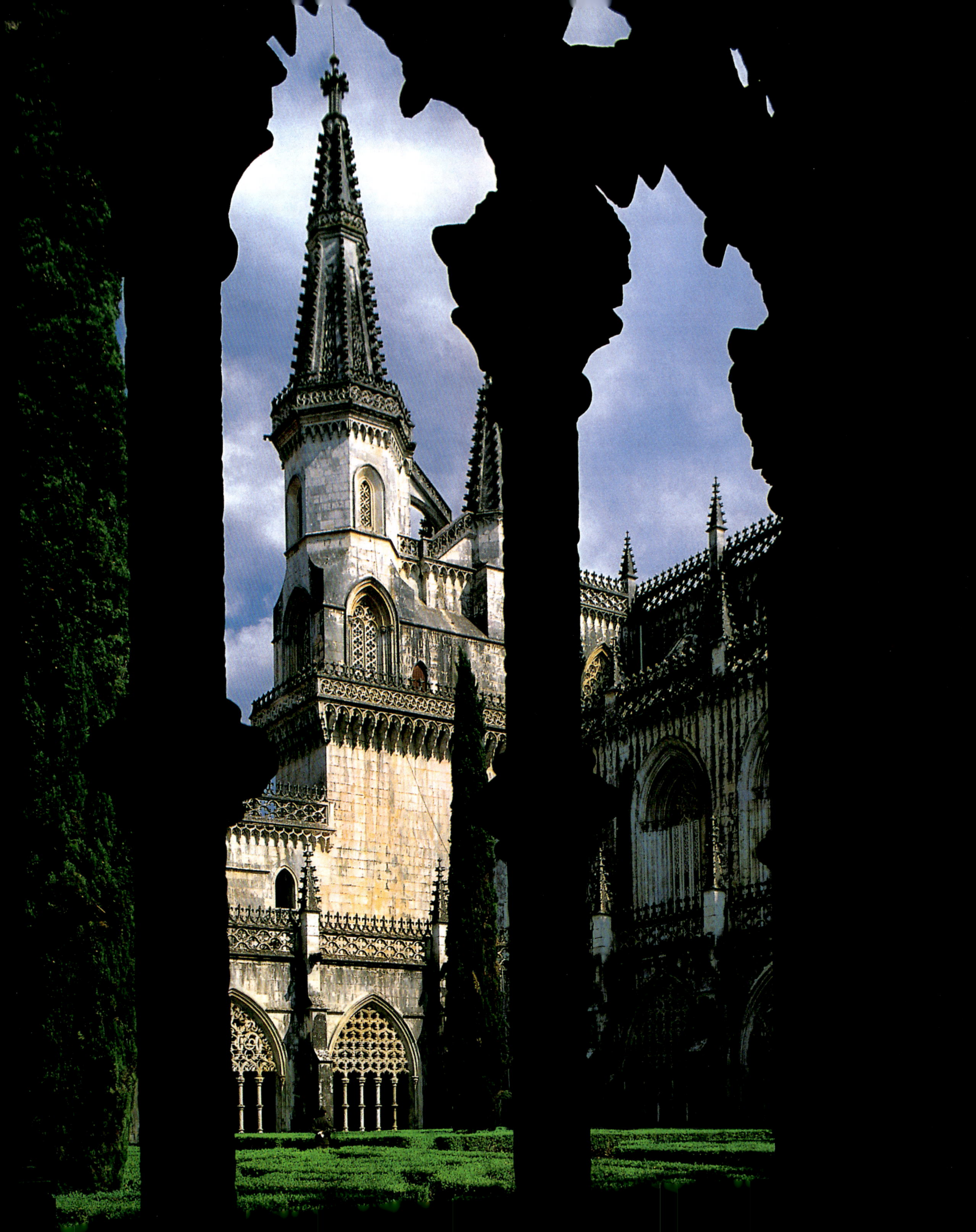

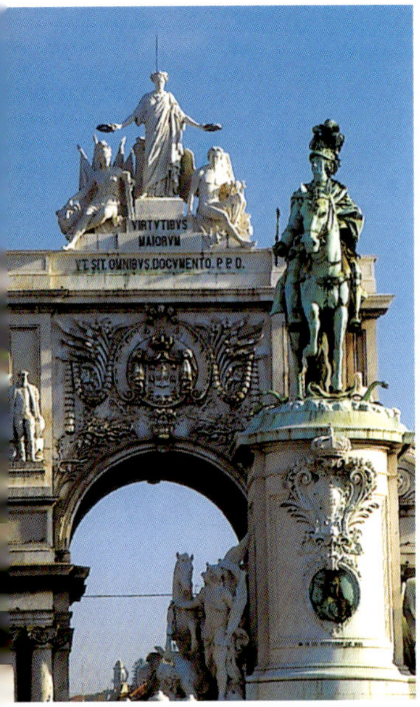
VIRTVTIBVS
MAIORVM
VT SIT OMNIBVS DOCVMENTO. P.P.D.

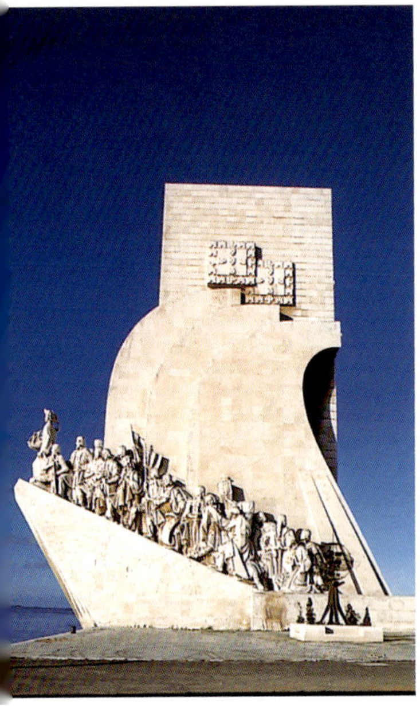

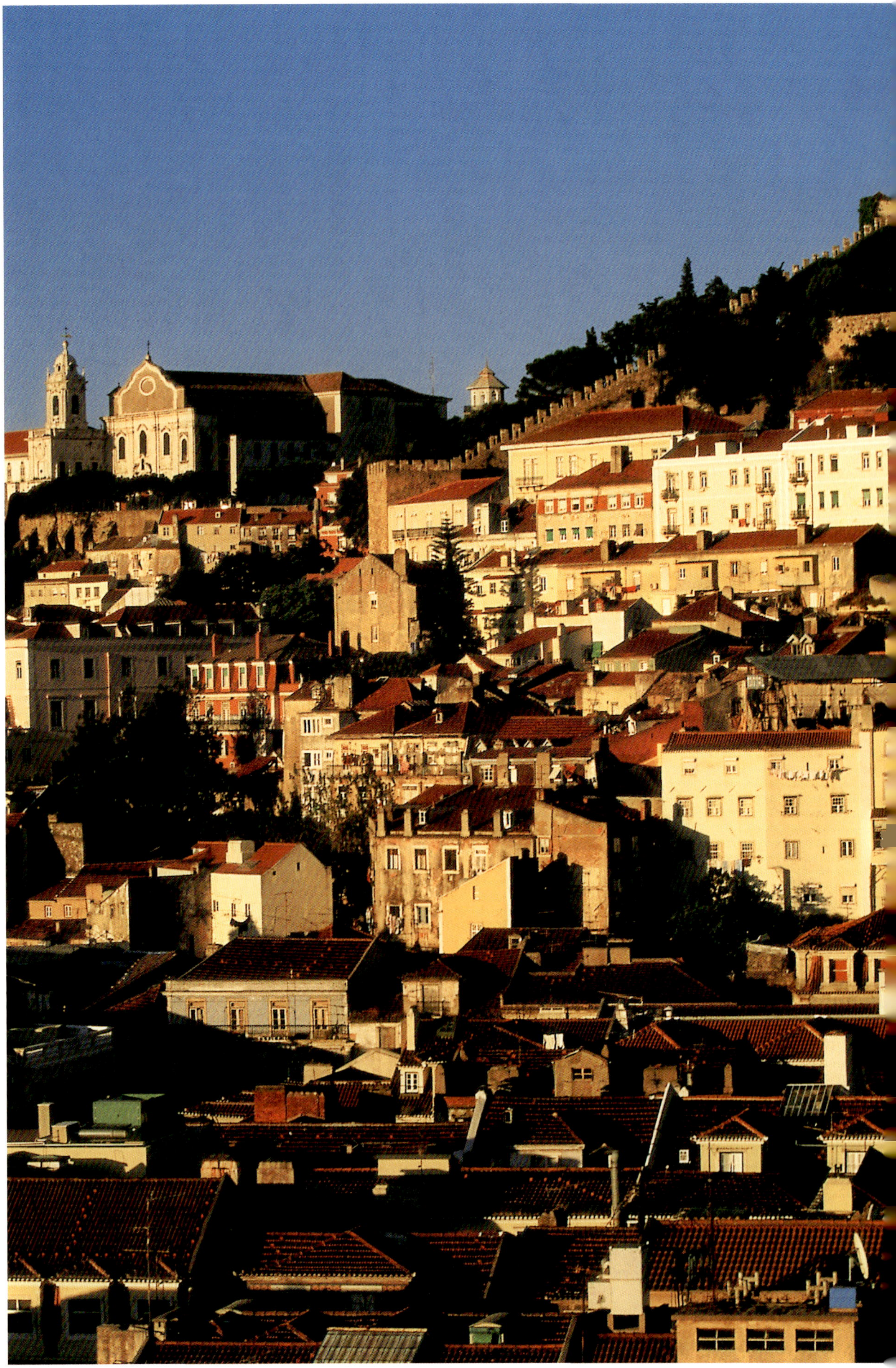

Lissabon, die nostalgische Hauptstadt

70–71 Es gibt viele Beschreibungen der portugiesischen Hauptstadt, und alle treffen zu: Lissabon ist eine Stadt mit tausend Gesichtern, provinziell und weltstädtisch, reich und arm zugleich. Ihre Größe zeigt sich in der Schönheit der Baixa (Mitte), den Schmuckfriesen des Triumphbogens (70 oben), im Padrão dos Descobrimentos (70 unten), jenem Denkmal, das wie kein anderes das goldene Zeitalter und den Unternehmungsgeist des Landes symbolisiert, ebenso wie im Militärmuseum (71 oben) oder dem Bahnhofsportal (71 unten).

72-73 Man kann von der Praça do Comercio ohne Weiteres behaupten, dass sie eine außergewöhnliche Kulisse darstellt. Der Ursprung ihrer riesigen Fläche ist jedoch dramatisch: Hier befand sich der alte königliche Palast, zerstört vom Erdbeben im Jahre 1755. Der Arco Triunfal da Rua Augusta (im Hintergrund), vor dem sich die Reiterstatue Josés I. erhebt, führt zur Baixa.

73 oben Der Ponte 25 de Abril beherrscht die Westansicht Lissabons. Mit mehr als zwei km Länge ist er die größte Hängebrücke Europas.

73 Mitte Der Parque Eduardo VII. wurde Anfang des 20. Jahrhunderts angelegt. Er verdankt seinen Namen der Großzügigkeit des englischen Königs, der Lissabon 1903 besuchte.

73 unten Die Alfama (Altstadt) überstand wie Belém das Erdbeben und konnte viele Zeugnisse der arabischen Epoche bewahren.
Seit dem Mittelalter von Fischern, Handwerkern und Kleinhändlern bewohnt, wurde sie später zum Matrosen- und Prostituiertenviertel. Heute gehört die Alfama zu den ärmeren Bezirken Lissabons.

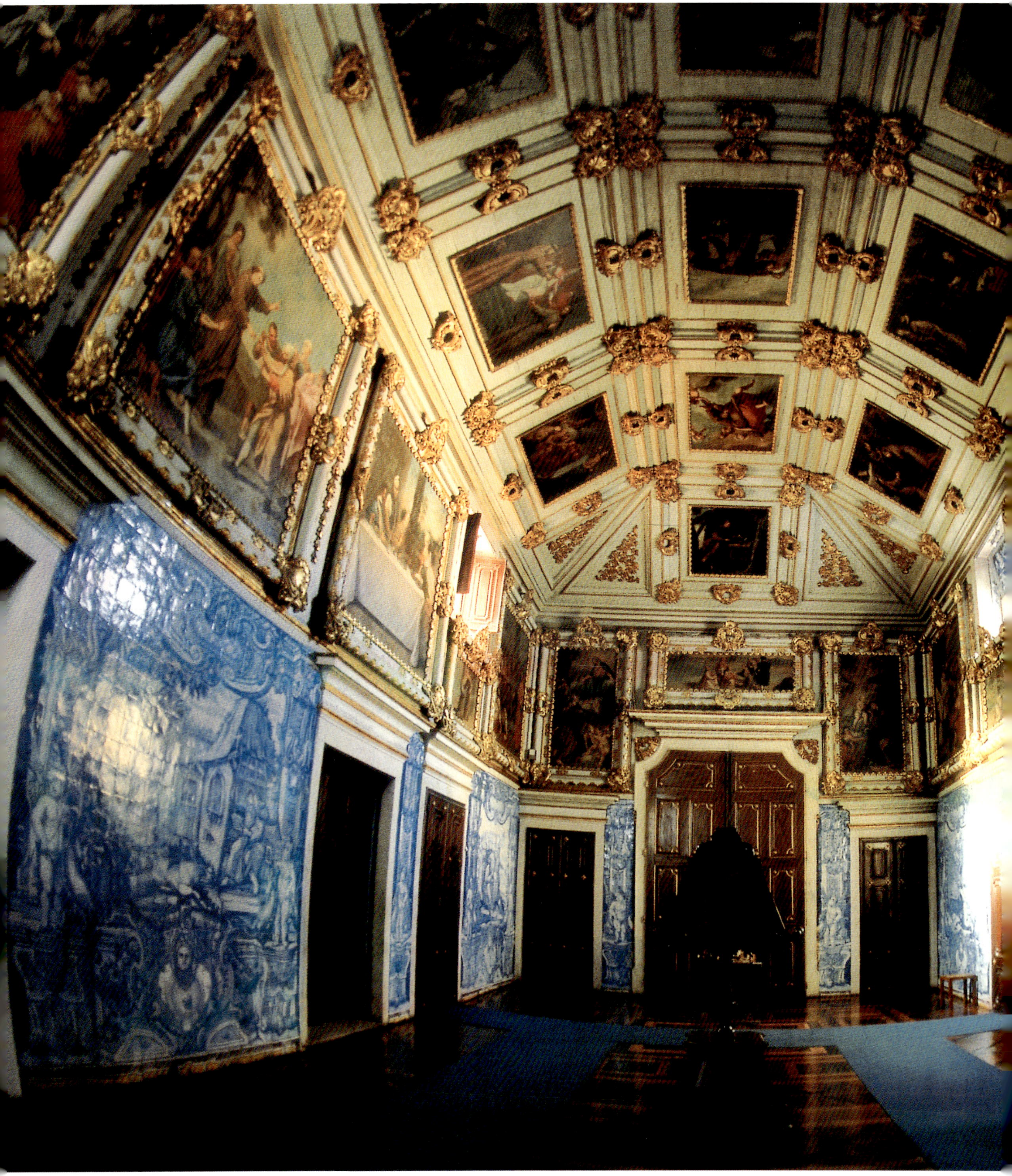

74–75 Der Convento da Madre de Deus, in dem seit dem 19. Jahrhundert das Museu Nacional do Azulejo untergebracht ist, erzählt die Geschichte der Azulejos, jener Schmuckfliesen, die als originellste Schöpfung der portugiesischen Kunst gelten. Geschildert wird die Entwicklung der Azulejos von den arabischen Werken des 16. Jahrhunderts bis zu den späteren flämischen. Die Azulejos erlebten im 17. Jahrhundert einen derartigen Aufschwung, dass man mit „tapetes" (auf dem Foto blau) ganze Wände bedeckte. Im folgenden Jahrhundert wurde es Mode, praktisch alle geeigneten Mauern bunt zu fliesen.

75 links und unten rechts Die Kirche (links) und das Kapitelhaus (unten rechts) des Convento de Madre de Deus bezeugen den künstlerischen Reichtum des Emanuelstils. Marmor und Edelhölzer aus den Kolonien verbinden sich mit purem Gold.

75 oben rechts Die im 14. Jahrhundert erbaute Karmeliterkirche (Igreja do Carmo) erinnert an die Katastrophe, die Portugals Geschichte veränderte: das Erdbeben. An Allerheiligen 1755 eingestürzt, wurde sie bewusst als Ruine belassen, um jenes Tages zu gedenken. Heute beherbergt sie das Museu Arqueológico. Bei schönem Wetter finden hier Konzerte statt.

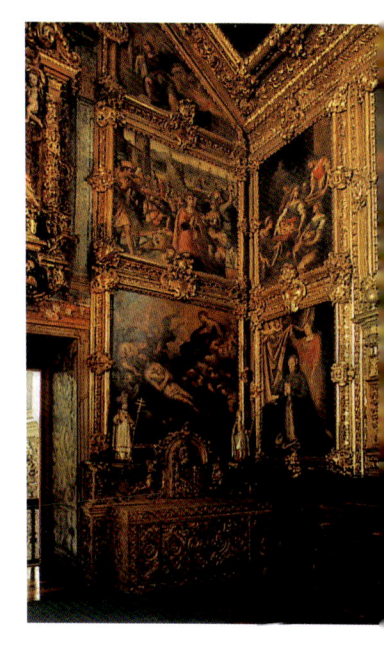

76 oben Der Palácio Nacional da Ajuda sollte das 1755 zerstörte Königsschloss ersetzen, Bauprobleme verzögerten jedoch seine Fertigstellung um mehr als 100 Jahre. Der vollendete Monumentalkomplex blieb hinter dem Entwurf zurück. Seine Fassade zeigt für die Romantik typische klassizistische Züge.

76 Mitte Außer im Teatro Nacional Dona Maria II. treffen sich Lissabons Opern- und Ballettfreunde im Teatro São Carlos: Imposant, majestätisch und mit einer ungewöhnlich guten Akustik, bietet es Portugals Kunstfreunden ein europäisches Spitzenrepertoire. Theater und Oper werden – wie das kulturelle Angebot überhaupt – gern genutzt; sie sind hoch geschätzt, und in einer Stadt mit großen Traditionen gilt Kulturförderung als fortschrittliche Politik.

76 unten Das 1962 im Palácio Pimenta eröffnete Stadtmuseum (Museu da Cidade) bietet Besuchern einen Einblick in die Geschichte Lissabons. Äußerst interessant ist der Saal, in dem ein Modell das Aussehen der Stadt vor dem Erdbeben von 1755 veranschaulicht.

76–77 Das Innere des eleganten und prächtigen Palácio Nacional da Ajuda zeugt von der einstigen königlichen Dynastie. Das Bauwerk diente den Monarchen nur knapp 50 Jahre – von 1861 bis 1910 – als Residenz; seitdem sind die Räume der Öffentlichkeit zugänglich und dienen Vorträgen oder Kunstausstellungen. Neben wertvollen Möbeln und Wandteppichen birgt der Palácio Nacional da Ajuda 20 Marmorstatuen des 19. Jahrhunderts, die Bildhauer der Schule von Mafra schufen.

78 oben Unter den zahlreichen Museen erregt das Museu Nacional dos Coches (Kutschenmuseum) besondere Aufmerksamkeit. Kurz nach 1900 auf Wunsch der Königsfamilie eingerichtet, besitzt es die reichste Sammlung alter Kutschen und historischer Automobile in ganz Europa.

78 Mitte Das im Mosteiro dos Jerónimos untergebrachte Museu da Marinha wurde 1863 gegründet; Hauptattraktionen sind Modelle von Fischerbooten und Kriegsschiffen, originale Seekarten und das Wasserflugzeug Santa Clara, das als erstes von Lissabon über den Atlantik nach Rio de Janeiro flog. Imposante Statuen erinnern an führende Gestalten der Marinegeschichte, vor allem jene von Heinrich dem Seefahrer, dem Vater des kolonialen Abenteuers (Bildmitte), der auch die Seefahrerschule in Sagres gründete.

78 unten Neben einer Sammlung von Azulejos und Gemälden mit bedeutenden Schlachten der portugiesischen Geschichte birgt das Museu Militar – hier ein barocker Saal – eine umfangreiche Kollektion portugiesischer, französischer, englischer, spanischer, niederländischer und arabischer Feuerwaffen.

79 Das Museu da Marinha besitzt viele Werke, die Portugals bedeutenden Königen und Seefahrern gewidmet sind. Die beiden Gemälde zeigen zwei Edelleute, die die Überseeprovinzen regierten: João de Castro (links) und Francisco de Almeida (rechts), zu Beginn des 16. Jahrhunderts Vizekönig von Indien.

G.ᴿ D̃O. IOÃO DE CASTRO SOSEDEO AO G.ʳ MARTIÃ DESBARATOU
E DIO TODO O PODER DE CÃBAIA. PRESẼTOU BATALHA
A ELREI DE BAROCHE E DESTROIO TODAS V̅A COSTA
E A DE ADIL XA. DESBARATOU SEUS CAPITÃIS E SAL
SETE. Ẽ TROUTRE HŨ FẼADO Ẽ GOA.

GUOVERNADOR DA IMDIA . D. FRANCISCO DE ALMEIDA
ANO 1505

O VICE REI D. FRANCISCO DE ALMEIDA, O PRIMEIRO QUE PASSOU A ESTE ESTADO COM O DITO TITULO DEPOIS DO DESCOBRIMENTO DA INDIA, CHEGOU A ELLE NO ANNO DE 1505, E GOVERNOU ATE 18 DE NOVEMBRO DE 1509

79

80 oben Details im Kreuzgang des Mosteiro dos Jerónimos zeigen unverkennbar Züge des Emanuelstils: komplexe Ornamente an Pfeilern und Gewölben, Flachreliefs an den Säulen – alles in einer offenkundigen Stilmischung. Die Biforien tragen typisch orientalischen Zierrat.

80 unten Das Mosteiro dos Jerónimos ist wohl das berühmteste Baudenkmal Lissabons. Es hat das Erdbeben von 1755 überstanden und steht für den Stil, der Portugals goldenes Zeitalter prägt, jenen König Manuels I. Die Kirche Santa Maria im Zentrum der Anlage ist die Synthese dieses Stils – und in gewissem Sinn auch die von Portugals Geschichte. Sie verbindet unterschiedliche Motive verschiedenster Herkunft – ein Spiegelbild des kosmopolitischen Reiches Manuels I. Nautische Symbole mischen sich mit den üblichen katholischen, arabische Zierelemente (deutlich zu erkennen im Gewölbe) mit typisch westlichen.

81 oben Mit seinen wagemutigen Seefahrten sicherte sich Vasco da Gama, der große Seemann und Symbol des goldenen Zeitalters, eine ewige Ruhestätte im Mosteiro dos Jerónimos. Alljährlich besuchen tausende sein Grab.

81 unten Dieses vom Tejo aus aufgenommene Foto zeigt die Gärten der Praça do Imperio mit der Fonte Luminosa und dem prächtigen Mosteiro dos Jerónimos, einem der schönsten Bauwerke Lissabons.

80–81 Das prächtige Mosteiro dos Jerónimos wurde im reinsten Emanuelstil erbaut. Ursprünglich stand das riesige Kloster der Hieronymiten direkt am Ufer des Tejo, durch den Bau der Docks verlagerte sich jedoch der Flusslauf, wodurch die Praça do Imperio und die Avenida da India entstanden.

Queluz, das portugiesische Versailles

82 Das kleine Dorf Queluz („Welches Licht!") am Rand von Lissabon beherbergt die Sommerresidenz der Dynastie Bragança. Der als „portugiesisches Versailles" geltende Palácio Nacional de Queluz stammt aus dem späten 18. Jahrhundert und ist ein schönes Beispiel des Rokoko, wenn auch mit einigen klassizistischen Elementen. Vollendet wurde der Bau von zwei großen Architekten des 18. Jahrhunderts: Mateus Vicente de Oliveira und Jean-Baptiste Robillon.

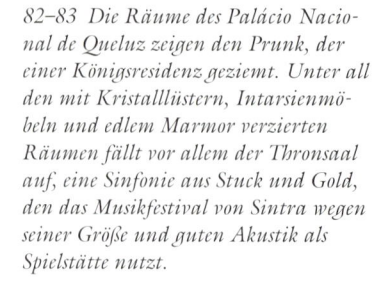

82–83 Die Räume des Palácio Nacional de Queluz zeigen den Prunk, der einer Königsresidenz geziemt. Unter all den mit Kristalllüstern, Intarsienmöbeln und edlem Marmor verzierten Räumen fällt vor allem der Thronsaal auf, eine Sinfonie aus Stuck und Gold, den das Musikfestival von Sintra wegen seiner Größe und guten Akustik als Spielstätte nutzt.

83

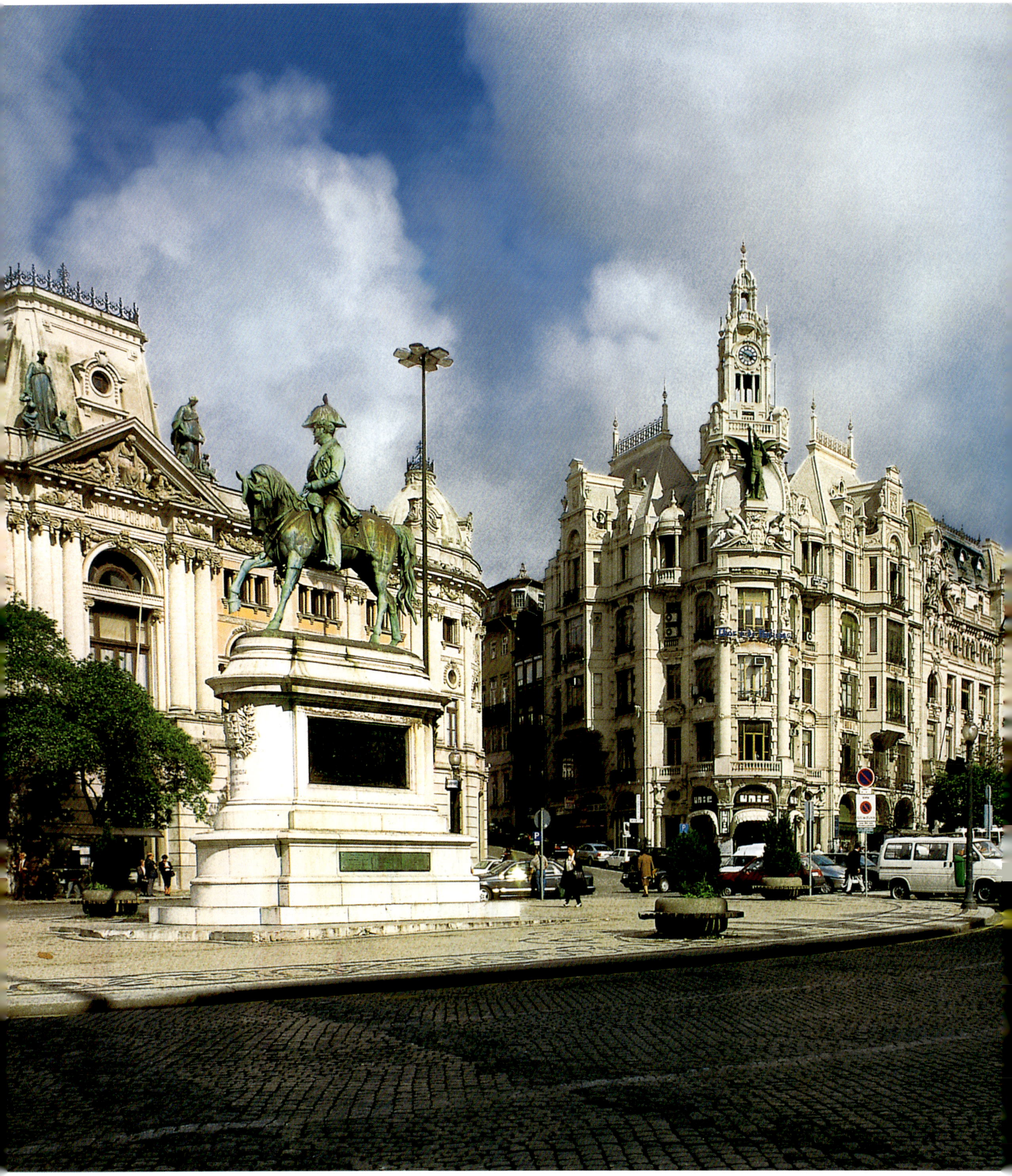

Porto, Arbeit als Religion

84–85 Das Herz von Porto, der Metropole des Nordens, ist die Praça da Liberdade. Die regsame Industriestadt verdankt ihren derzeitigen Wohlstand dem Dienstleistungssektor, teils aber auch dem Seehandel. Elegant im Zentrum, chaotisch in den Randbezirken, bewahrt Porto von den Weinbergen Gondomars bis zum Hafen Leixões das Flair einer Seestadt.

85 oben Der moderne, gut ausgestattete Hafen von Leixões ist Portos Tor zur Welt. Die mit über 1,5 Millionen Einwohnern (inklusive der Außenbezirke) zweitgrößte Stadt Portugals unterhält traditionell Handelsbeziehungen zu Lateinamerika, England und Frankreich.

85 Mitte Die Ribeira ist Portos ältestes Viertel – das einzige Zeugnis der alten Hafenstadt. Die Straßen sind eng und voll kleiner Läden, die Häuser höher und tiefer als breit, mit schmalen Fassaden. Hier leben die Ärmeren der Stadt, nur einen Steinwurf entfernt vom Symbol des Reichtums dieser Metropole – der Börse.

85 unten Die berühmten „barcos rebelos" sind an den Docks und unter der Eisenbrücke Dom Luís noch ein vertrauter Anblick. Die traditionellen Fahrzeuge dienen seit Jahrhunderten dem Transport der Weinfässer auf dem Douro – von den „quintas", wo der Wein angebaut wird, zum Hafen von Porto, wo man ihn auf Schiffe verlädt, die in alle Welt segeln.

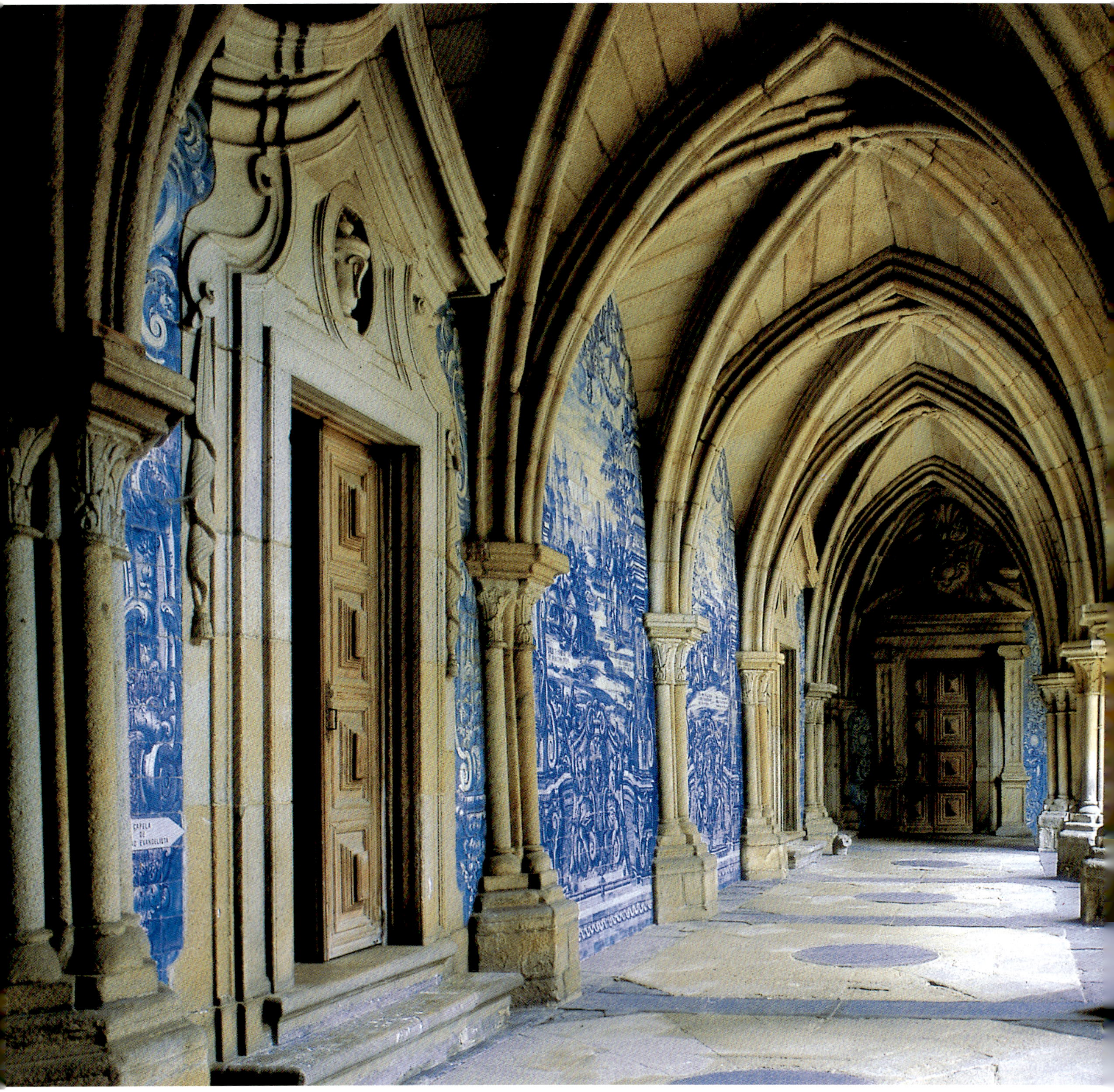
DE
EVANGELISTA

86–87 Die im 12. Jahrhundert im romanischen Stil erbaute Kathedrale (Sé Velha) von Porto wurde mehrmals verändert, bewahrte sich jedoch die strenge Schönheit der Gotteshäuser jener Epoche – sie ist mehr Burg als Kirche. An den Mauern des Kreuzgangs (hier im Bild) schildern „tapetes" aus Azulejos das „Hohelied Salomos" und Ovids „Metamorphosen".

87 oben Die Halle des Bahnhofs von São Bento in Porto wurde 1916 mit Azulejos geschmückt, die Szenen des Alltagslebens vergangener Jahrhunderte zeigen.

87 unten Diese Ansicht der Sé von Porto hebt die dekorativen Veränderungen hervor, die der romanische Kernbau im Laufe der Jahrhunderte erfuhr. Große Teile der Kirche wurden während der Blütezeit des Emanuelstils errichtet, etwa diese Säule auf dem Vorplatz der Basilika.

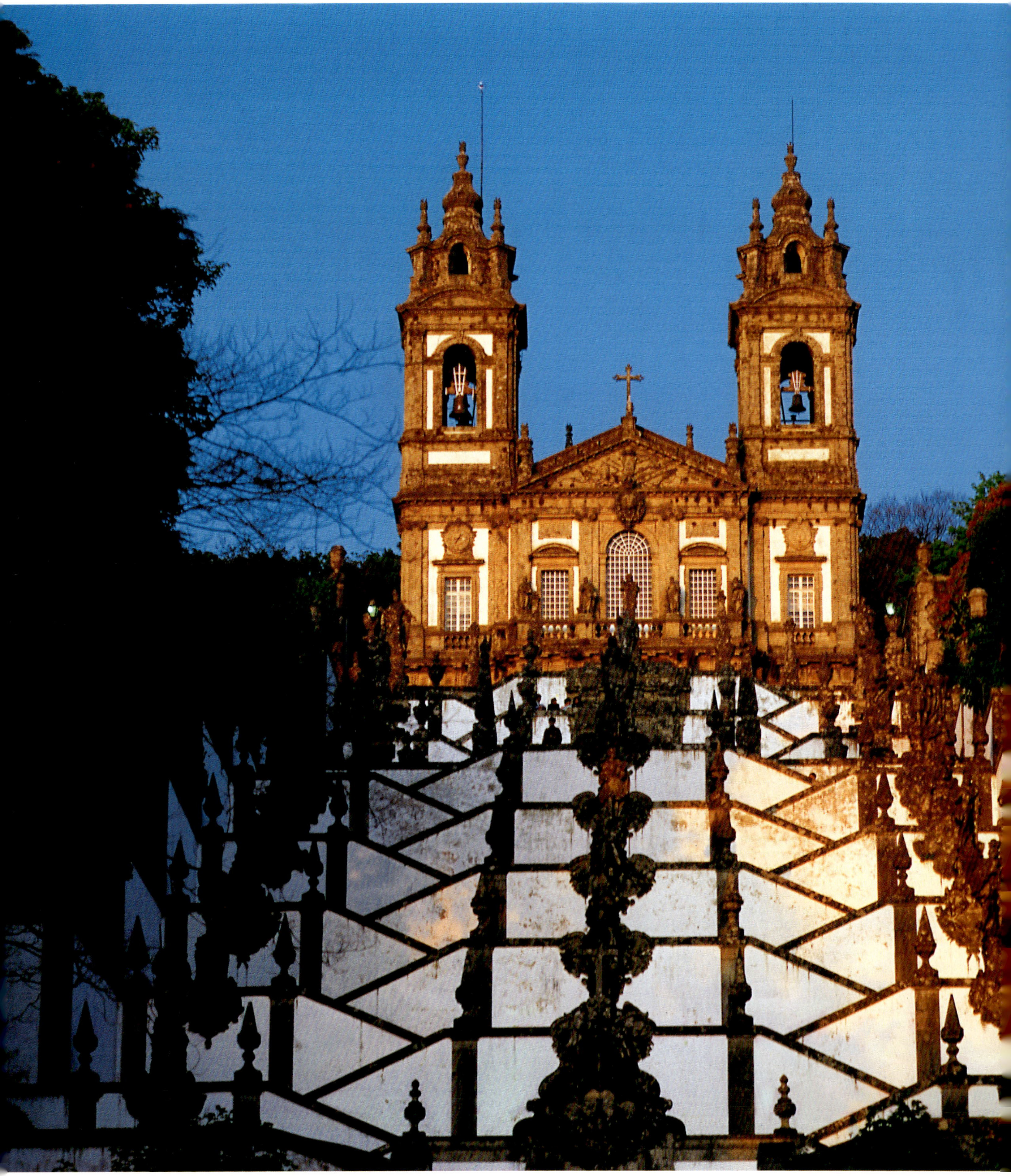

Braga, die betende Stadt

88–89 Eine ungewöhnliche barocke Treppenflucht führt zur Wallfahrtskirche Bom Jesus do Monte hinauf, die in einem Park steht, der sich bei der Bevölkerung von Braga großer Beliebtheit erfreut.

89 oben Die dynamische, moderne Stadt Braga hat ihre Vergangenheit nicht vergessen: Gefüllte Kirchen und Kapellen zeugen von der Religiosität dieser Stadt im Herzen des Minho. Die eleganten, frisch restaurierten Gebäude und die gepflegten Barockgärten verraten, dass die Früchte des jüngsten Wirtschafsbooms gut angelegt wurden.

89 Mitte Die Praça da República ist das urbane und gesellschaftliche Herz Bragas, wo die städtische „movida" Arkadengänge und Plätze belebt – ein relativ junges Phänomen: Anfang des 20. Jahrhunderts klagte der berühmte spanische Schriftsteller Miguel de Unamuno bei einem Besuch, die Straßen des „frommen" Braga seien vom Morgen bis zum Abend verwaist.

89 unten Vielleicht wegen seiner strategisch günstigen Lage (durch das römische Bragara Augusta führten die fünf wichtigsten Straßen Portugals), vielleicht auch, weil es seit dem 12. Jahrhundert Sitz des Erzbischofs war, wurde Braga zum „portugiesischen Rom", und der mächtige Klerus hat ein reiches Erbe hinterlassen, von zahlreichen Klöstern bis zu unzähligen Kirchen und Kapellen.

Sintra, die Perle in den Wäldern

90 oben Sintra besitzt das ungewöhnlichste Schloss des Landes, den Palácio Nacional da Pena: Den Gipfel des höchsten Berges der Gegend krönt ein Ensemble von Kuppen, Zugbrücken und Türmen aller Stile, was an die Schlösser Ludwigs II. erinnert.

90 Mitte links Nur wenige Kilometer entfernt vom Palácio Nacional da Pena liegt die Quinta de Monserrate, eine Villa des 19. Jahrhunderts im maurischen Stil mit englischen Gärten voll subtropischer Pflanzen und Baumfarne.

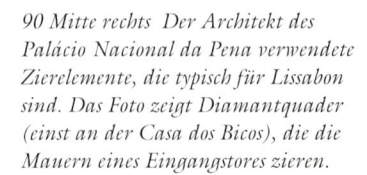

90 Mitte rechts Der Architekt des Palácio Nacional da Pena verwendete Zierelemente, die typisch für Lissabon sind. Das Foto zeigt Diamantquader (einst an der Casa dos Bicos), die die Mauern eines Eingangstores zieren.

90 unten Wilhelm Ludwig von Eschwege, ein deutscher Edelmann, erhielt im 19. Jahrhundert den Auftrag für den Bau des „romantischsten Palastes der Erde", in dem sich alle Stile vereinen. Das Ergebnis ist der Palácio Nacional da Pena. Das Foto zeigt einen Fries.

90–91 Der in einem märchenhaften Park der Serra da Sintra gelegene Palácio Nacional da Pena war lange Jahre Sommerresidenz der Königsfamilie. Erst die Flucht der Dynastie Bragança bereitete Portugals monarchischer Tradition ein Ende.

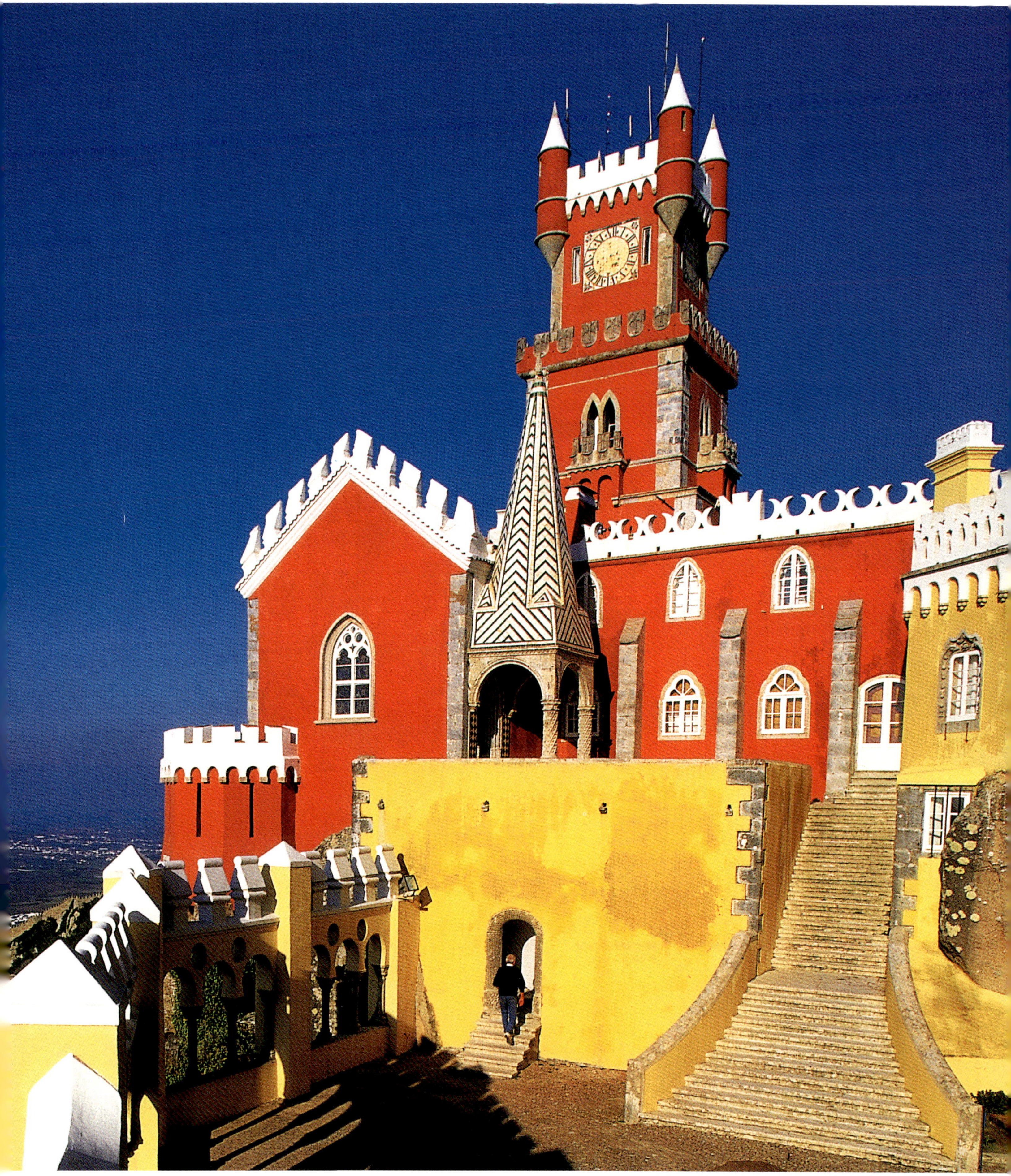

92 oben Das Castelo dos Mouros, beinahe 500 Meter über Sintra, wurde im 8. und 9. Jahrhundert erbaut. Vom Ursprungsbau haben nur die Zinnen und Türme die Zeiten überdauert.

92 unten Ein Besuch im Palácio Nacional sorgt für angenehme Überraschungen. Die Möbel, die fast an allen Wänden zu findenden Wandverkleidungen aus Holz, Marmor oder Azulejos, die kostbaren Fußböden und der Hauch der Geschichte schaffen ein einzigartiges Flair.

93 oben Der Palácio Nacional, der zur Unterscheidung vom Palácio Nacional da Pena als Paço Real bekannt ist, beherrscht die Silhouette von Sintra, einer Stadt inmitten der gleichnamigen waldigen Serra. Der Kernbau stammt aus dem 15. Jahrhundert. Weithin sichtbar sind die beiden riesigen, kegelförmigen Schornsteine, die zur im 17. Jahrhundert angefügten Küche gehören.

93 unten Der Wappensaal (Sala dos Brasoes), auch „Hirschzimmer" genannt, zählt zu den imposantesten Räumen des Palácio Nacional von Sintra. Die Decke bildet eine bemalte achteckige Kuppel (Anfang 16. Jahrhundert). Hirsche halten die Wappen portugiesischer Adelsfamilien. Im Zentrum der Kuppel befindet sich das Wappen Manuels I. Azulejos mit Jagdszenen zieren die Wände.

Schätze des Binnenlands

94 oben links Das als Nationaldenkmal eingestufte Óbidos ist ein Perle der Costa da Prata. Der befestigte Ort ist auch im Detail sehr schön.

94 unten links Die im Laufe der Jahrhunderte überall in Portugal errichteten Befestigungen zeugen von einer kriegerischen Vergangenheit. Das Foto zeigt die 1171 von den Templern bei Amoural am Zusammenfluss von Tejo und Rio Zêzere erbaute Burg. Nach dem Fall des Römischen Reiches wurde das Land zunächst von Westgoten, dann von Mauren erobert. Aus dieser Zeit und den Jahrhunderten der Reconquista stammen die ältesten, an strategisch wichtigen Punkten der Bergregionen und der Asturias erbauten Burgen Portugals. Die spätmittelalterlichen Neubauten im kastilischen Stil zeugen von den langen und blutigen Kriegen, in denen das Land seine Unabhängigkeit von Spanien errang.

94 rechts Tomar im Nabãotal, dem Herzen der Estremadura, ist die Stadt der Tempelritter. Die mächtige Konventsburg der Templer beherrscht den gesamten Ort. Das von Pinienwäldern umgebene Schloss war Sitz zweier Ritterorden, der Tempel- und der Christusritter.

95 Wie viele Bauten des 12. Jahrhunderts ähnelt die alte Kathedrale (Sé Velha) von Coimbra eher einer Festung als einer Kirche. Vom nüchternen Stil des Kernbaus heben sich nur die Porta Especiosa und der mit Motiven der Renaissance geschmückte Glockenturm ab.

96–97 An der berühmten Weinstraße durch das Tal des Douro gibt es einen Pflichtaufenthalt: den Solar de Mateus. Das im 18. Jahrhundert durch die Grafen von Mateus bei Vila Real erbaute barocke Landschloss („solar") ist das Symbol eines weltweit berühmten Weinimperiums. Der aus den Reben der Region gekelterte Wein heißt Mateus und trägt ein Etikett mit der unverkennbaren Schlossfassade.

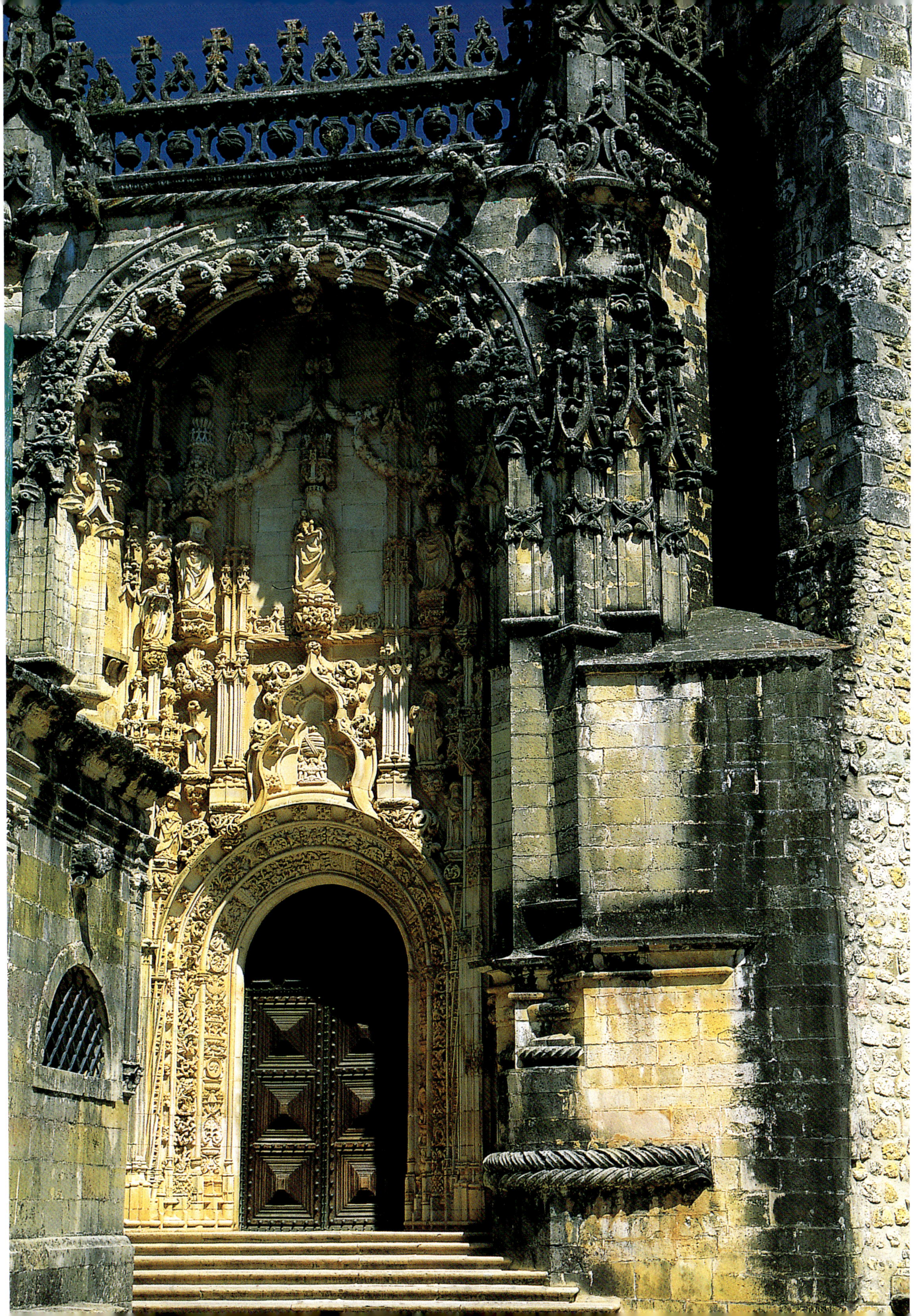

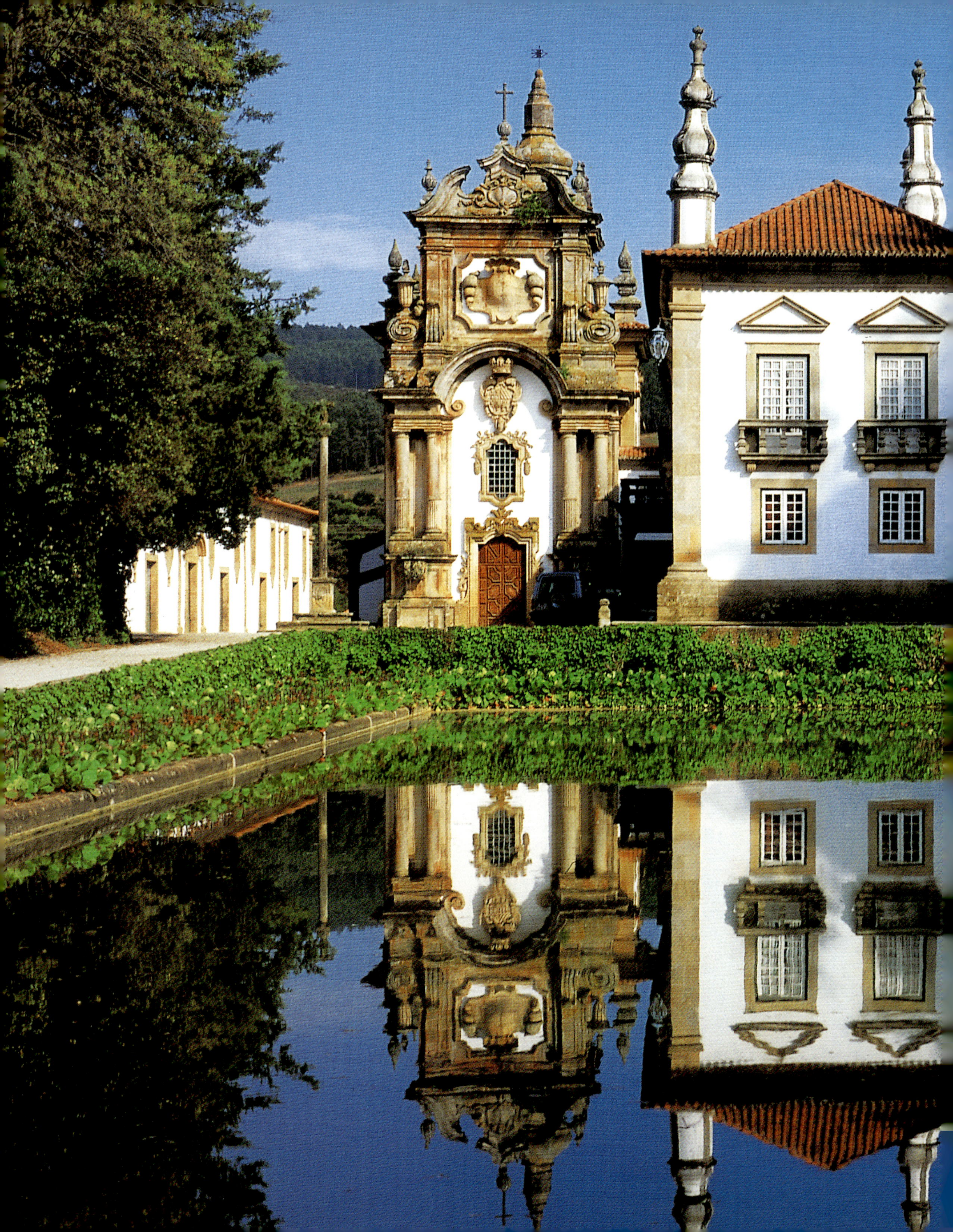

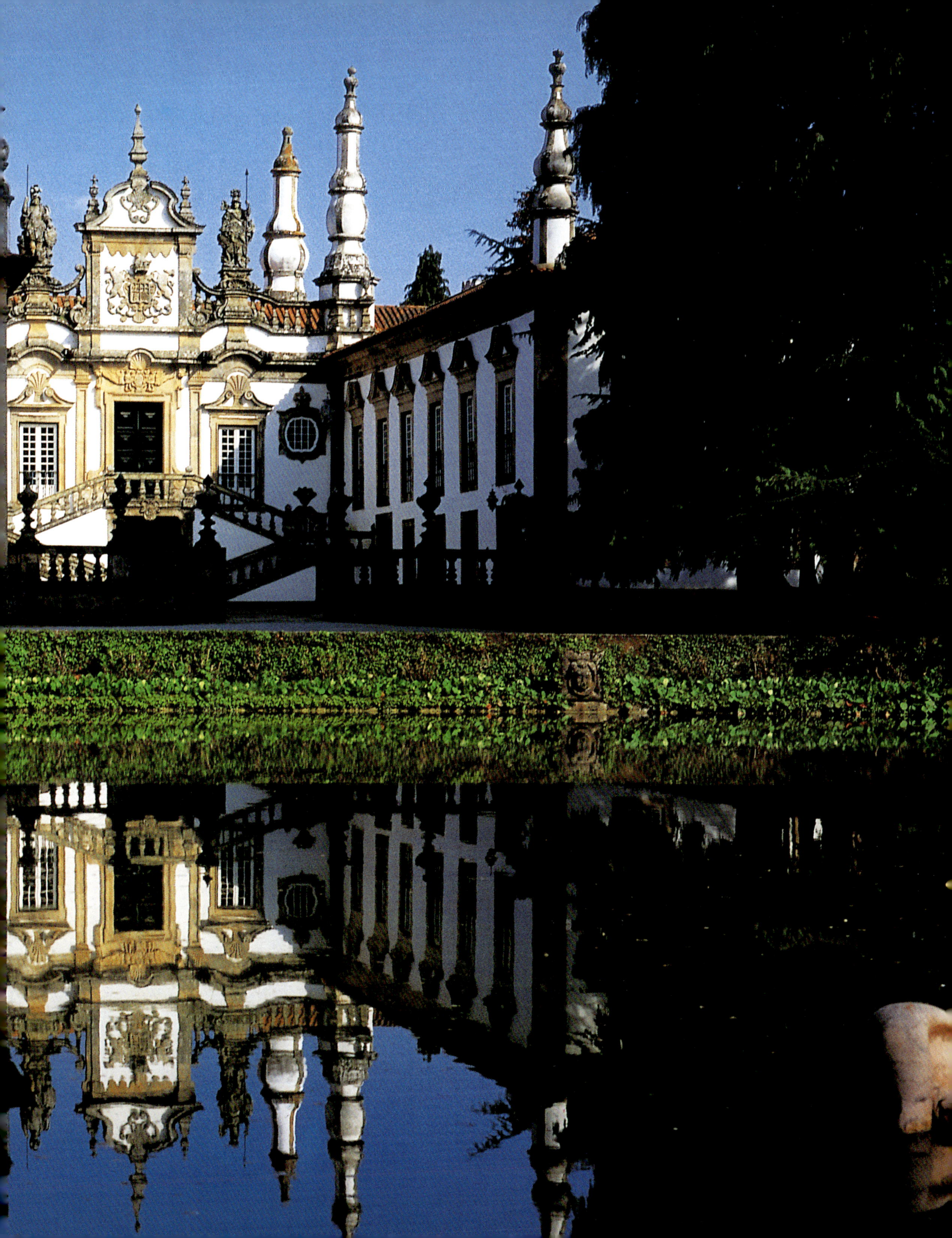

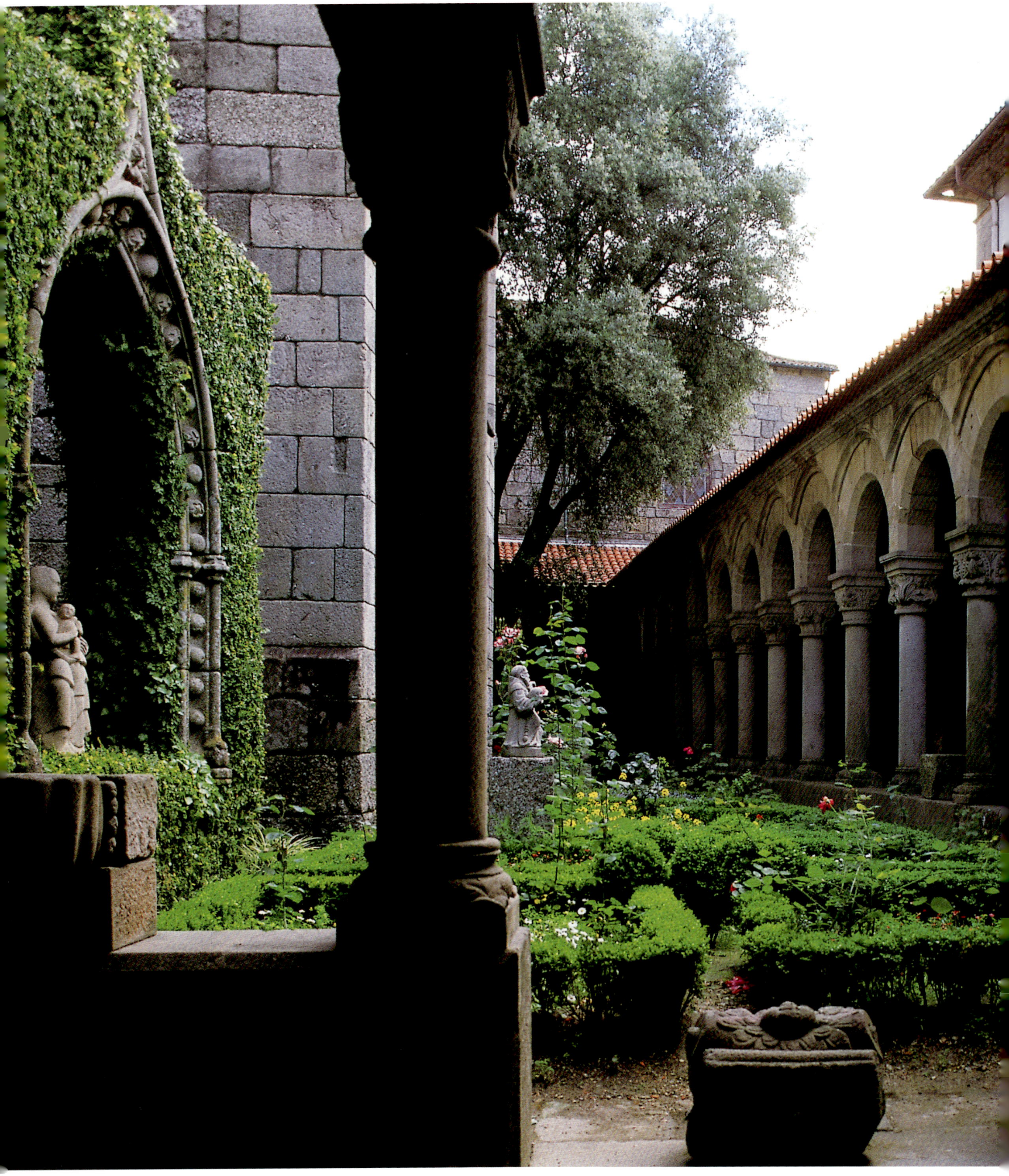

Guimarães, die Wiege der Bragança

98–99 Der Kreuzgang des Museu de Alberto Sampaio in Guimarães besteht aus einer herrlichen Loggia und einem französischen Gartenparterre mit typischen Motiven des Emanuelstils. Das Museum gehört zu den bedeutendsten ganz Portugals und beherbergt die Schätze der Herzöge von Bragança – kostbare Silberschmiedearbeiten und einen mit Flachreliefs geschmückten Altar.

99 links Die Kapelle im Palast der Herzöge von Bragança ist ein schönes Beispiel der Gotik mit einigen Elementen im Emanuelstil. Das Foto zeigt auch die hohen spitzbogigen Buntglasfenster der beiden hölzernen Frauenemporen.

99 rechts Der Palast der Herzöge von Bragança mit den typischen Schornsteinen (oben) und das Schloss (unten) – hier Türme, Mauern und Eingangstor – zeugen von einem düsteren, nüchternen Stil und sind die beiden wichtigsten Bauwerke von Guimarães, der Heimat der Dynastie Bragança.

Das „Buen Retiro" der Mascarenhas

100 oben Der in den Außenbezirken Lissabons am Rand des Parque Florestal de Monsanto gelegene Palácio dos Marques de Fronteira wurde für Dom João Mascarenhas im Stil der italienischen Renaissance erbaut. Der Palast und die ausgedehnten Gärten werden noch heute von der Familie genutzt. Einige der Räume sowie die Gärten, die berühmt sind für ihre dekorativen Taxusskulpturen, schönen Azulejos und klassizistischen Statuen, können seit einigen Jahren bei Führungen besichtigt werden.

100 unten Der Palácio dos Marques de Fronteira ist eher für seine Gärten als für seine Architektur berühmt; äußerst attraktiv sind der „Garten der Venus" und der Italienische Garten (beide 17. Jahrhundert). Ein Besuch des Parks ist wie ein Spaziergang durch ein Freilichtmuseum: Wege, Grotten und Terassen werden gesäumt von Azulejos, gemalt von Meistern des 17. Jahrhunderts. In kleinen Nischen stehen Büsten von Herrschern sowie Kopien antiker Statuen.

101 Ein Schmuckstück des Palácio dos Marques de Fronteira ist die Königsgalerie: Ritterbildnisse auf weiß-blauen „tapetes" aus Azulejos. Von einem Teich im maurischen Stil steigen zwei Treppen empor, sodass man das Meisterwerk aus mehreren Winkeln bewundern kann. Die Majoliken im Garten – vor allem jene der Königsgalerie – gelten als Meisterwerke dieser Kunstobjekte. Die glasierten Fliesen wurden als erste überhaupt zweifarbig bemalt.

Batalha, Spitzen aus Stein

102 Gemeinsam mit Lissabons Mosteiro dos Jerónimos gilt das Kloster Santa Maria da Vitoria in Batalha als unbestrittenes Meisterwerk des Emanuelstils. Ende des 14. Jahrhunderts in gotischem Stil erbaut, der sich deutlich an der Fassade (oben rechts) und in den Spitzbögen des Innern (links) äußert, und mit Elementen der Renaissance bereichert, wurde es zwei Jahrhunderte später im modernsten Stil der Zeit vollendet. Diese Stilmischung brachte Wirkungen von großer Schönheit hervor, etwa in der Capela do Fundador (unten rechts) mit ihren Spitzbögen, die ein herrliches Sterngewölbe tragen.

103 Der Claustro Real bildet das Herz des Klosters Santa Maria da Vitoria. Als Hauptgebäude des Komplexes im gotischen Stil entworfen, wurde er im goldenen Zeitalter überformt. Um den Betrachtern Portugals neuen Reichtum zur Schau zu stellen, versah man die Spitzbogenarkaden mit steinernem Gitterwerk, das manchmal als „bestickter Stein" bezeichnet wird.

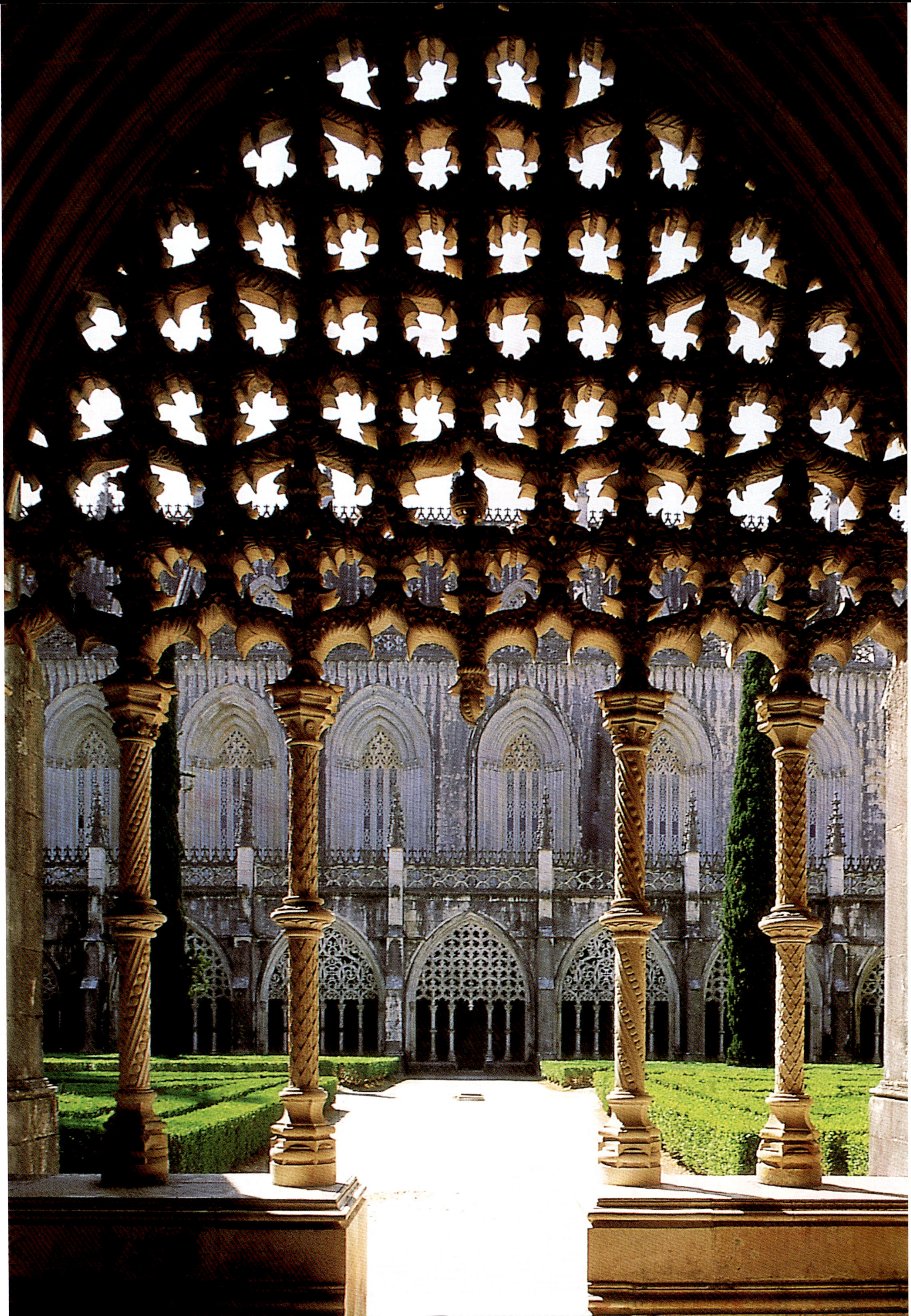

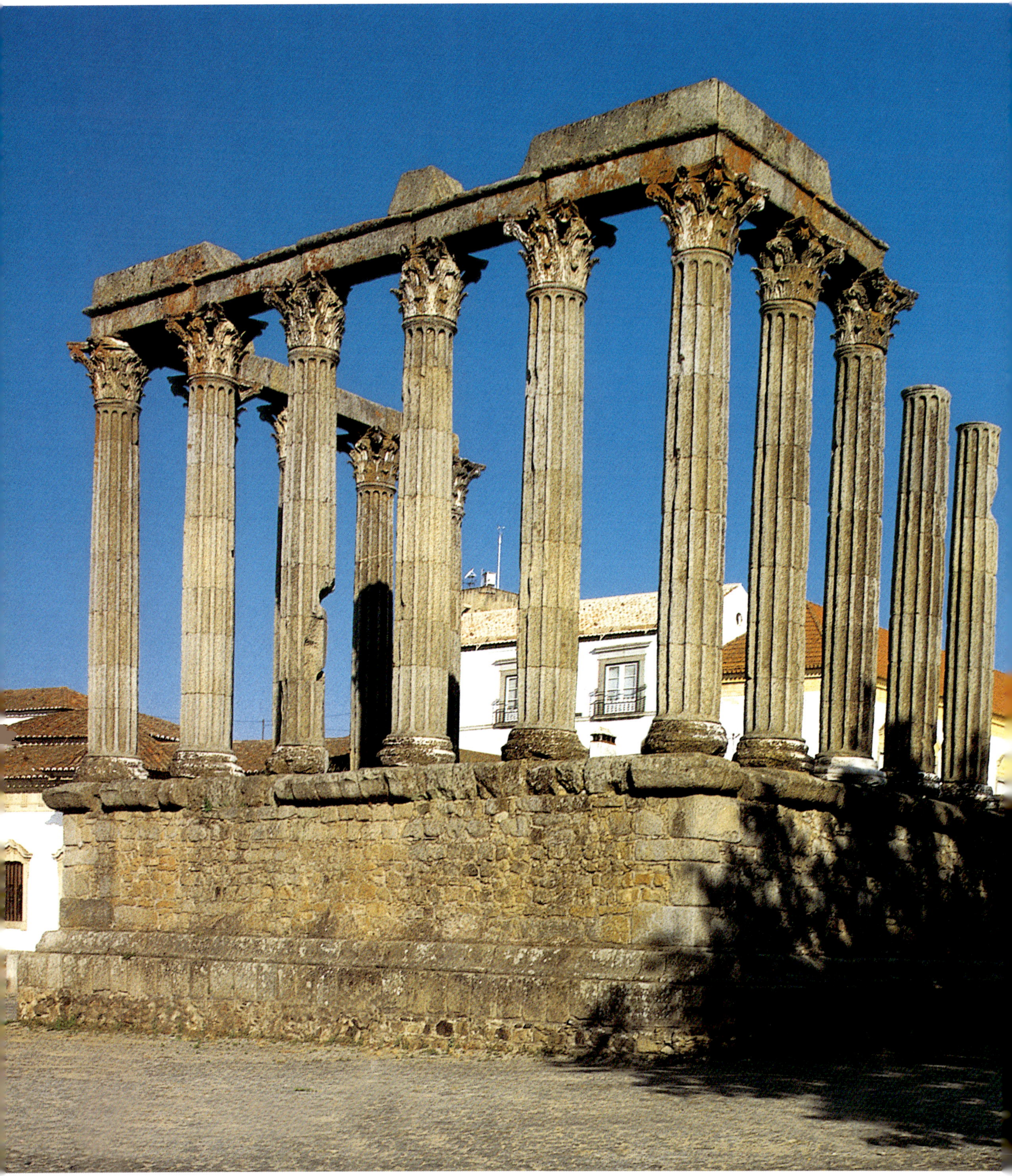

Der Schatten der Cäsaren

*104–105 und 105 rechts Wertvolle Zeugnisse der Römerzeit fand man an den Ausgrabungsstätten der „planicies" (Ebenen), der Region zwischen dem Tejo und der spanischen Grenze. Fast alle Überreste der römischen Ära wurden nach dem Erdbeben von 1755 entdeckt, das sie förmlich freilegte.
Der römische Tempel von Evora, einer in der Antike besonders wohlhabenden Stadt der „planicies", zählt zu den berühmtesten und interessantesten Monumenten, die die Jahrhunderte und die wiederholten Eingriffe seit dem Mittelalter überdauert haben. Dieser vielleicht Diana, wahrscheinlicher jedoch dem Kaiserkult gewidmete Peripteros im korinthischen Stil zählt zu den besterhaltenen der Halbinsel. Gegen Ende des 2. Jahrhunderts v. Chr. auf der Akropolis errichtet, wurde er im Mittelalter zur Festung umgebaut. Ende des 19. Jahrhunderts erhielt er seinen alten Glanz zurück.*

105 links Im Jahr 137 v. Chr. wurden Lissabon und der Rest Portugals Teil des expandierenden Römerreiches. Nach dem Sieg über die heimischen Iberer und Kelten, vor allem jedoch über die Karthager, drangen die Legionen vom Süden nach Norden vor und hinterließen überall ihre Spuren – sowohl außerhalb der Siedlungen (wie Funde in den „planicies" bezeugen) als auch in den Städten, die im Laufe der Zeit die römischen Ruinen einschlossen. Hervorragende Beispiele sind zwei Monumente in Evora: das später teilweise veränderte Römische Tor (auch Porta de Dona Isabel genannt, oben) und der Rechteckige Turm (unten), ein Bau des Mittelalters auf römischen Grundmauern.

Tausend Gesichter, verschiedene Kulturen, eine Seele

106 oben Zum Abschluss des akademischen Jahres feiern die Studenten der berühmten Universität Coimbra im Mai die Queima da Fitas, bei der frisch Graduierte nach einem fröhlichen Umzug die Symbole ihrer Fakultäten verbrennen. Dann wird die ganze Nacht hindurch bei Fadoklängen gefeiert.

*106 unten In Portugal ist die Kultur nicht nur in Museen und Schulen zu Hause. Die selbstbewussten Portugiesen lieben alle Kunstformen, die ihre Eigenart unterstreichen. In Lissabon widerspricht dies ein wenig dem legitimen Anspruch der Hauptstadt, eine europäische Kulturmetropole zu sein.
Das Resultat ist ein reiches Kulturleben mit Ausstellungen, Theater- und Opernsaison sowie Ballett und Volkstanz das ganze Jahr über.*

107 Coimbra, Portugals Hauptstadt im 12. und 13. Jahrhundert, ist heute eine aktive Stadt mit 150 000 Einwohnern (435 000 im städtischen Umkreis). Ihr Wiederaufblühen verdankt sie ihrer Universität – zu Beginn des 14. Jahrhunderts von Lissabon hierher verlegt –, die der Stadt viele finanzielle und menschliche Ressourcen eingebracht hat. Coimbras Lebendigkeit ist nicht nur wirtschaftlicher und intellektueller Art, sondern (wie aus dem Bild zu ersehen, das eine Momentaufnahme der Queima da Fitas darstellt) sie ist auch „movida" und verkörpert die Lust am Leben und an ausgelassenem Vergnügen.

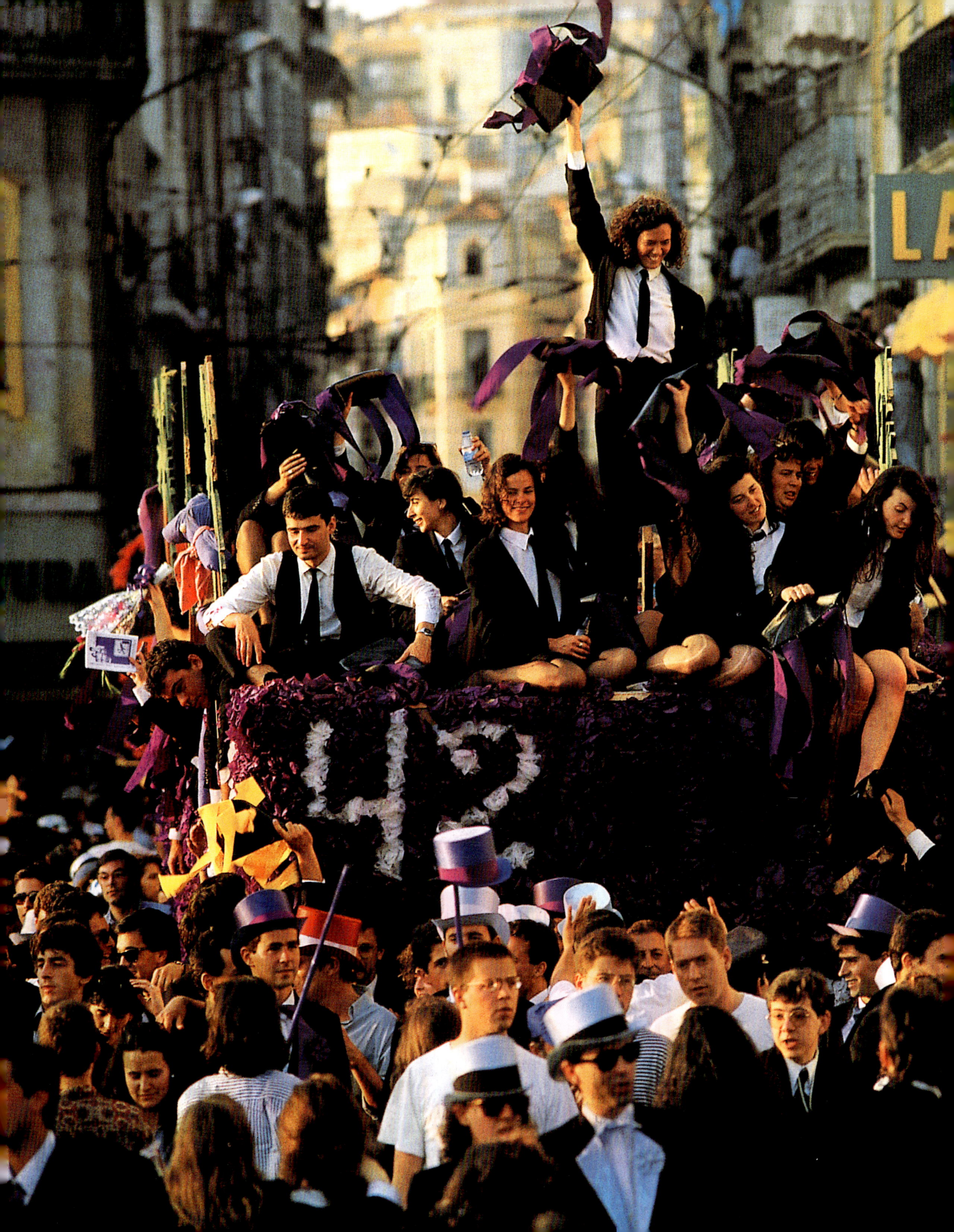

Der Ruf des Meeres

108 Das Leben spielte sich in Portugal immer in unmittelbarer Nähe des Meeres ab. Das Inland mochte bei Invasionen Zuflucht und Nahrung bieten, aber der wahre Reichtum lag im Ozean. Der von „moliceiros" und großen Fischerbooten, Walfängern und Handelsschiffen, Karavellen und Galeonen durchpflügte Atlantik schmiedete die portugiesische Nation, und alle Sehnsüchte und Hoffnungen der Portugiesen richteten sich auf das große koloniale Abenteuer.

109 In Farbe und Form unverkennbar, trugen die „moliceiros" Generationen von Fischern die Küsten Portugals entlang. Heute sind sie eine Einkommensquelle für den Tourismus. Zu den Attraktionen der Atlantikstrände gehören auch diese von den Fischern – manchmal jedoch auch von auf modernes Design spezialisierten Kunsthandwerkern – farbenfroh bemalten Boote. Diese touristische Vermarktung der Volkskunst sollte man nicht zu streng verurteilen. Die jüngsten Kreationen speisen sich aus den gleichen Wurzeln wie die Originale, die nach wie vor auf Portugals Wellen verkehren. Gemeinsam ist allen „moliceiros" der geschwungene oder gerade Vordersteven. Er trägt für gewöhnlich reichen Schmuck, eine Art farbenfrohe Galionsfigur, die schöne Frauen oder Meeresmotive darstellt.

110

110–111 Meeresfrüchte gehören nach wie vor zu Portugals größten Schätzen. Walfänger und transozeanische Fischzüge sind heute Geschichte, aber Makrelen, Sardinen und Schellfische decken den Inlandsbedarf und werden darüber hinaus in ganz Europa als Importware geschätzt. Die Fischereiflotte beliefert Portugals Industrie, doch versorgt sie vor allem die örtlichen Restaurants mit Frischware. Viele traditionelle Rezepte sind daher Fischgerichte. In Lissabon und Nazaré (wo man die Sardinen immer noch am Strand in der Sonne trocknet), in Porto und an der Algarve dominieren Fischgerichte: „caldeirada" (Fischsuppe), Seezunge, Steinbutt, Brassen, Steinschnapper ebenso wie gegrillter Schwertfisch und Seehecht. Beliebt ist auch der Dorsch („bacalhau"), den man angeblich auf 365 Arten zubereiten kann. Meist wird er gebraten („assado") oder gekocht („cozido") mit Kartoffeln und Olivenöl serviert. Zu jedem Fischgericht gehört natürlich eine Flasche „vinho verde" aus Minho oder dem Dourotal.

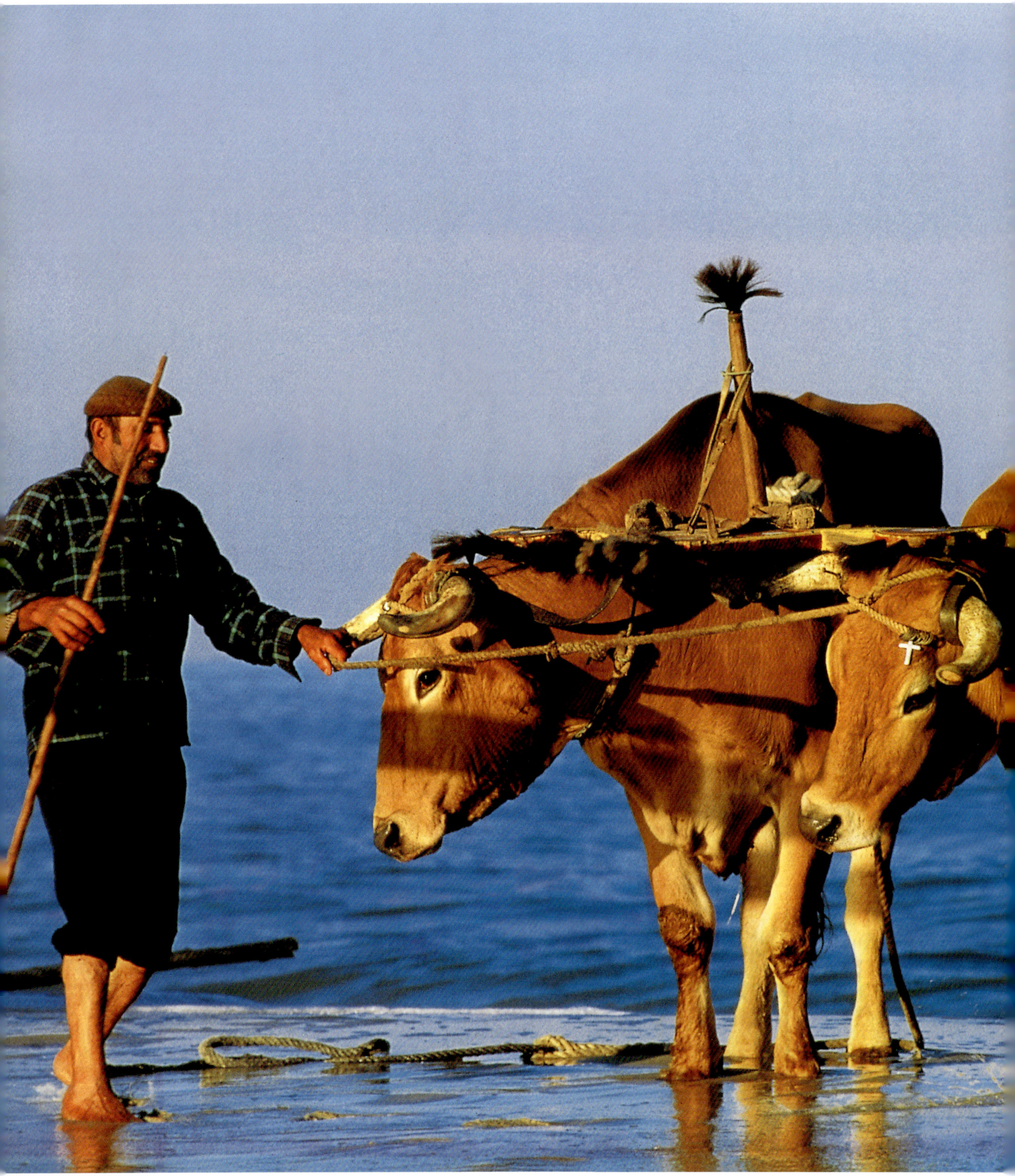

112–113 Auf dem Kontinent traditionell für anstrengende Feldarbeit eingesetzt, hat der Ochse an Portugals Küsten eine angenehmere Aufgabe: Statt sich am Pflug abzumühen, helfen Ochsenpaare den Fischern bei der Arbeit. Vor allem dienen sie als Zugtiere, die die Boote nach der Fangfahrt an Land ziehen. Heute werden jedoch trotz anfänglicher Abneigung gegen kühne Neuerungen fast durchweg Verbrennungsmotoren und Seilwinden verwendet. Noch immer kann man aber an einigen Stränden der Costa da Prata – etwa in Aveiro (Foto) und Nazaré – Ochsen bei ihrer traditionellen Arbeit beobachten – ein Beweis dafür, dass Portugal trotz allen Wandels noch ein traditionsgebundenes Land geblieben ist.

Zwischen „feira" und „saudade"

114–115 Nicht selten stößt man in Portugal auf Kirchweihen oder andere Feste, vor allem zwischen Mai und Oktober. Wie viele romanische Länder hält Portugal an seinen religiösen Traditionen fest, bei denen sich oft lokalheidnische Rituale mit örtlichen Heiligenlegenden und Folklore mischen. Zu den berühmtesten Festen zählen die Dos Santos Populares in Lissabon (Juni), Nossa Senhora dos Navegantes in Cascais (Mariä Himmelfahrt), das Trinitatisfest in Batalha (Mitte Juni), die Queima das Fitas in Coimbra (Mai), die Romaria de Nossa Senhora da Nazaré (September), die Dos Tabuleiros in Tomar (Weißer Sonntag), São Joao in Porto (22.–23. Juni) und Nossa Senhora d'Agonia in Viana do Castelo (August). Bei all diesen Festen trägt man alte Volkstrachten: rote Röcke, weiße Blusen, Spitzen und filigraner Schmuck für die Frauen, weiße Hemden mit Westen und Baretten oder steifkrempige schwarze Hüte für die Männer; dazu tanzt man zum Klang von Tamburin und Gitarre.

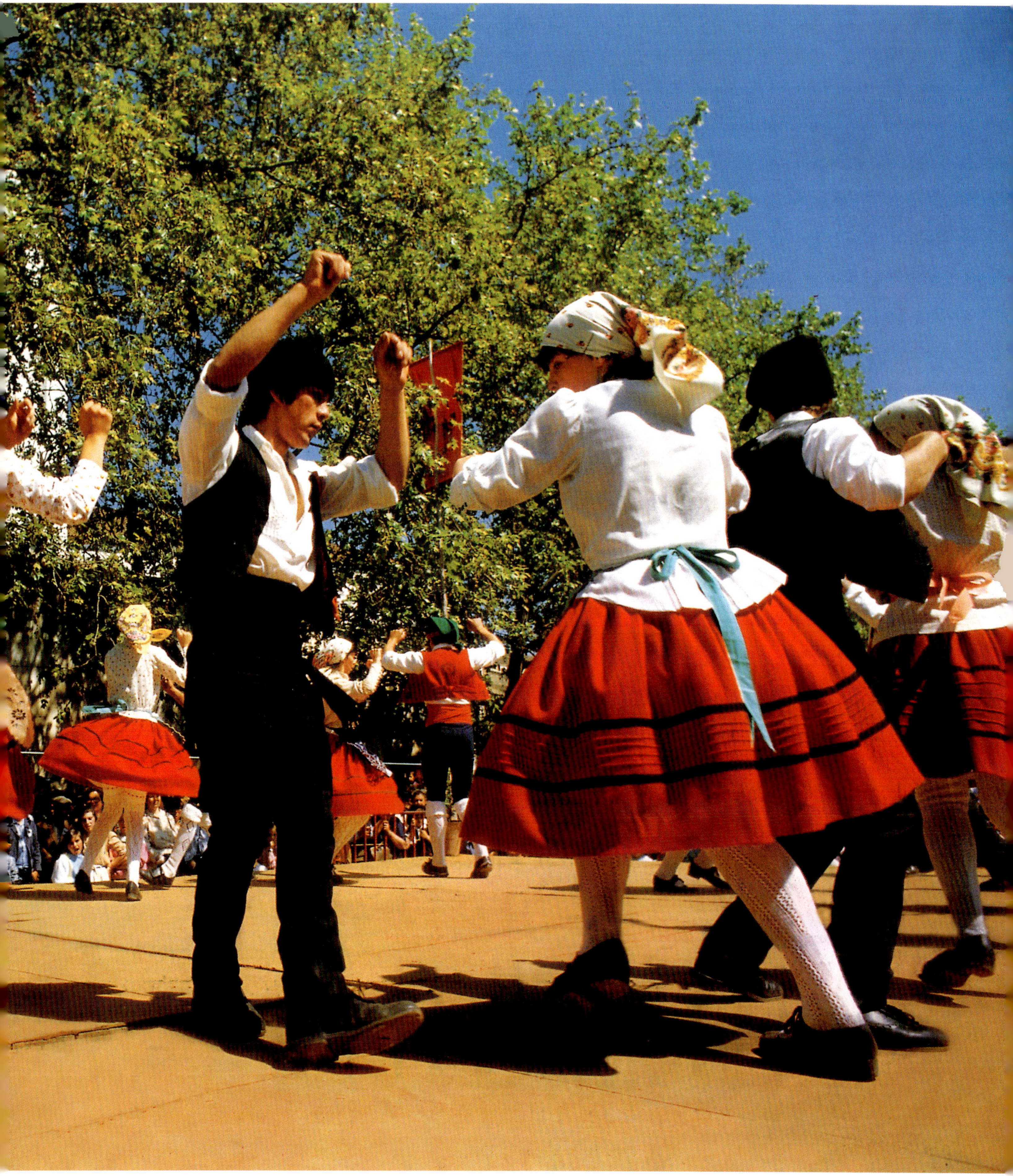

116–117 Portugals Musik und Tänze sind wie der Großteil seiner Literatur im Ausland kaum bekannt. Musikalische Darbietungen sind jedoch vor allem in Lissabon erstklassig und durchweg gut besucht. Dabei muss man klassische Musik und Volksmusik unterscheiden. Erstere wird in Lissabons Oper (Teatro Nacional) und auf dem Internationalen Musikfestival von Sintra gespielt, während die Volksmusik auf Provinzfeste und Folkloredarbietungen auf öffentlichen Plätzen beschränkt bleibt. Anders verhält es sich mit dem Fado, Portugals Blues, den man allabendlich in Coimbra, Porto, Braga und Lissabon spielt. Ob in kleinen Restaurants, in denen man frischen Fisch serviert, oder in den zahllosen Fado-Häusern – zu Gitarrenbegleitung erklingen die melancholischen Lieder brasilianischen oder afrikanischen Ursprungs, die die „saudade", eine Mischung aus Heimweh und Leere, zum Ausdruck bringen.

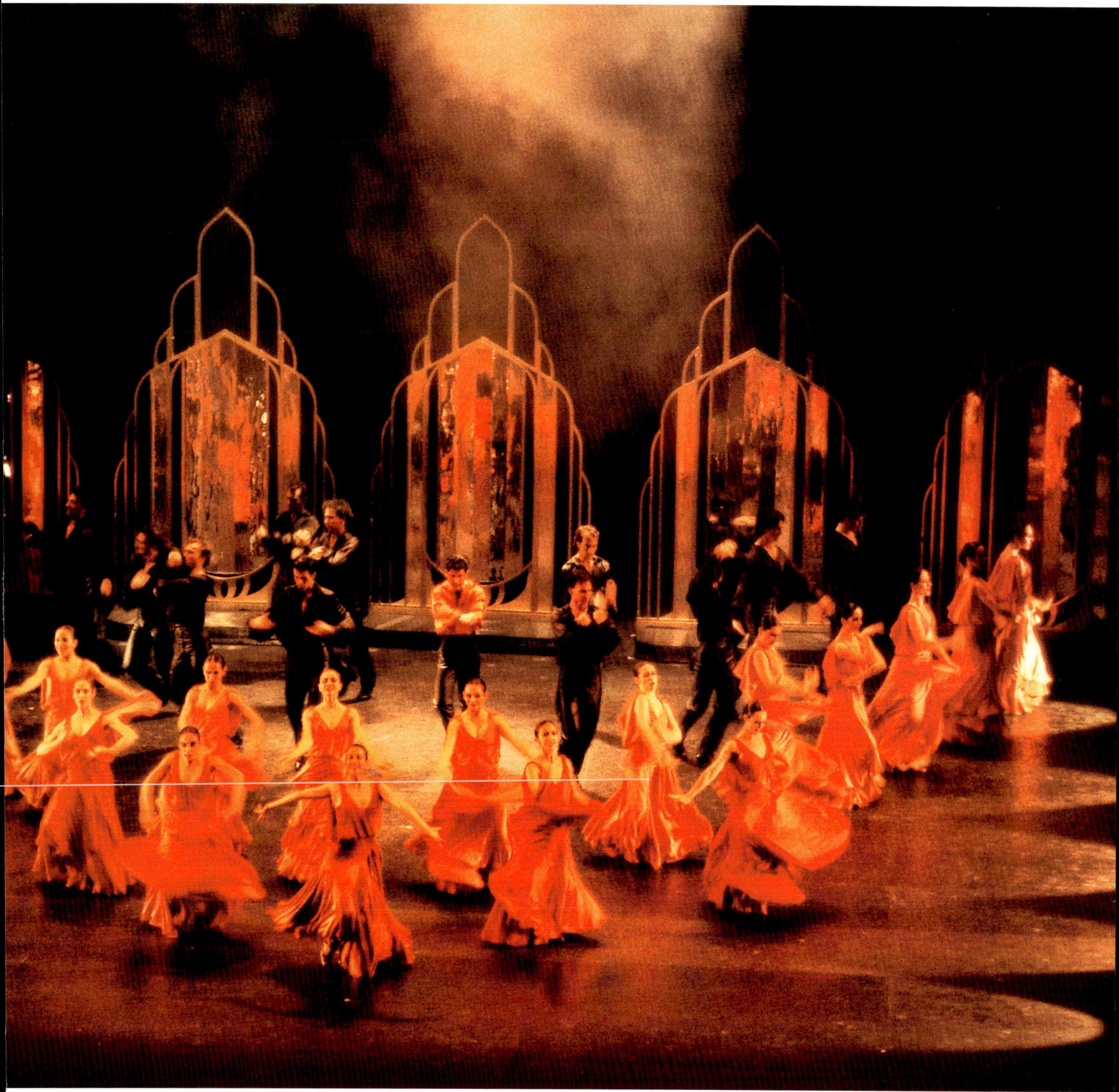

118 links und oben rechts Das Band des Glaubens, das die Portugiesen verbindet, verliert seine Wirkung auch jenseits des Ozeans nicht: Das belegen mehrmals jährlich die Volksfeste der Azoren, an denen alle Einwohner aktiv teilnehmen. Beim Fest der heiligen Anna in São Miguel tragen die Gläubigen schwere Holzstatuen durch die Straßen von Furnas (links). In Pico trägt man bei den Heiliggeistfeiern nach alter Sitte in der Prozession Brot mit sich, das später gesegnet wird.

118 unten rechts Die größten Kirchenfeste begeht man in Braga, der Wiege des portugiesischen Katholizismus. Während der Karwoche schreiten die Prozessionen der Gläubigen am Gründonnerstag und Karfreitag um die Stadtmauern der alten Römerstadt und halten an „passos", kleinen Stationsaltären.

119 Das berühmteste Kirchenfest von Viana do Castelo an der Costa Verde ist Nossa Senhora d'Agonia gewidmet. Seinen Höhepunkt findet es am Samstag, wenn eine kostümierte Menschenmenge mit Wein und Musik durch die Straßen zieht. Eine ähnliche Stimmung herrscht am Fest des Heiligen Kreuzes, bei dem die unter großer öffentlicher Anteilnahme stattfindende Prozession wie eine Parade wirkt.

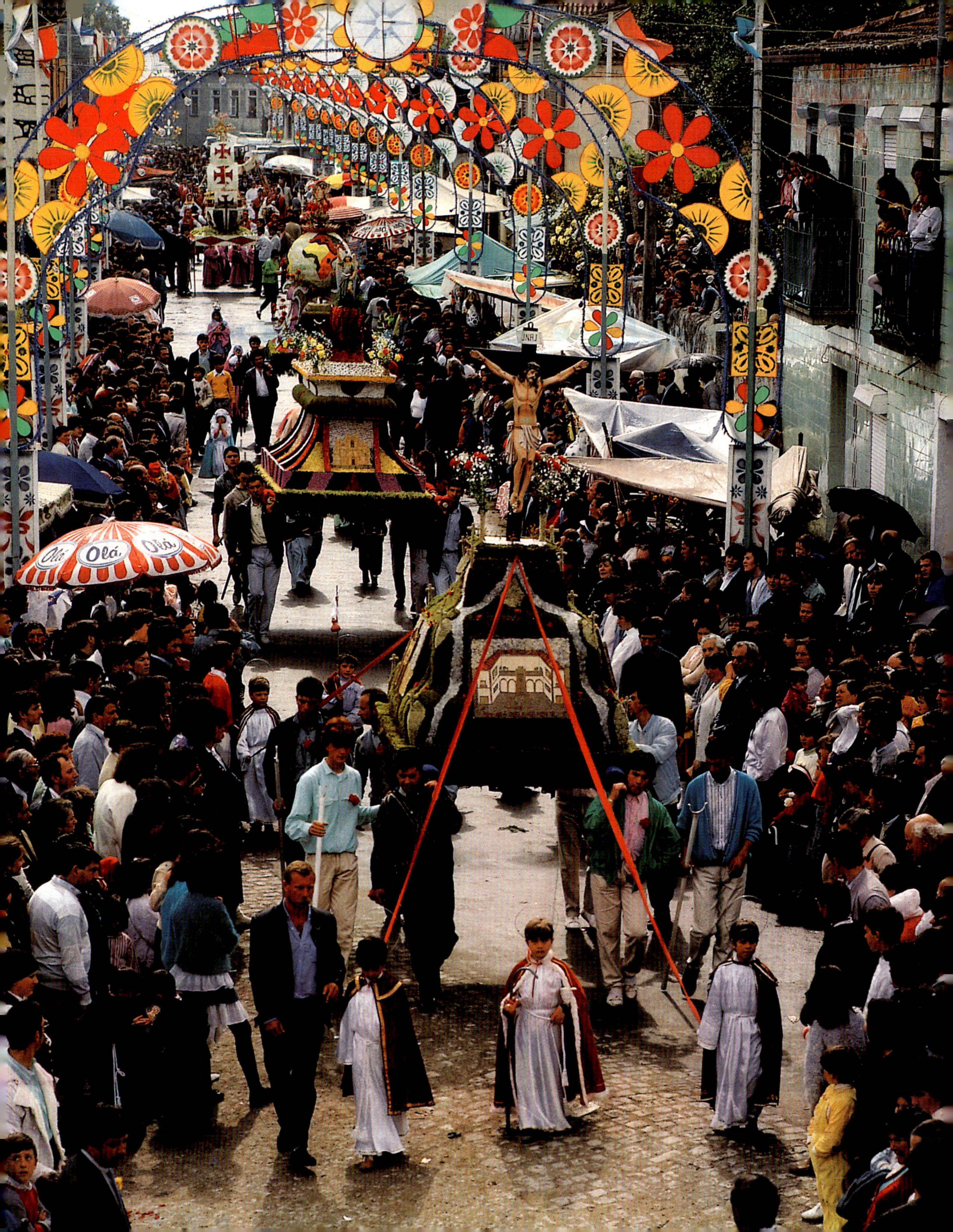
Olá
Olá
Olá

120–121 Die Stierkämpfe Portugals („tournadas") sind faszinierend und verlaufen – anders als in Spanien – nicht tödlich. Die Hörner des Stieres tragen Schutzkappen, um die Gefahren und das Verletzungsrisiko für die Stierkämpfer zu minimieren, die nicht nur zu Fuß, sondern auch hoch zu Ross antreten. Die Entscheidung, die „tournadas" weniger grausam zu gestalten, wurde nach einem schweren Unfall getroffen, bei dem der Graf d'Arcos starb. Der Tod seines Verwandten traf den König tief, sodass man Vorsorgemaßnahmen gegen künftige Unfälle ergriff. Seither verlassen Stiere und Stierkämpfer die Arenen unversehrt bzw. erleiden allenfalls leichte Verletzungen, die in wenigen Tagen ausheilen. Prächtige Kostüme (manchmal aus dem 18. Jahrhundert, mit Perücke und Dreispitz) und symbolische Gesten (etwa die Scheintötung des Stieres mit einer Blume anstelle des Degens) verstärken die poetische Wirkung des Stierkampfes.

122–123 Portugals Golfplätze sind genauso berühmt und gut ausgestattet wie die besten Plätze der Welt. Berühmtheit genießen jene in den eleganten Vororten Portos und Lissabons oder an der Algarve, die oft über dem Meer liegen.

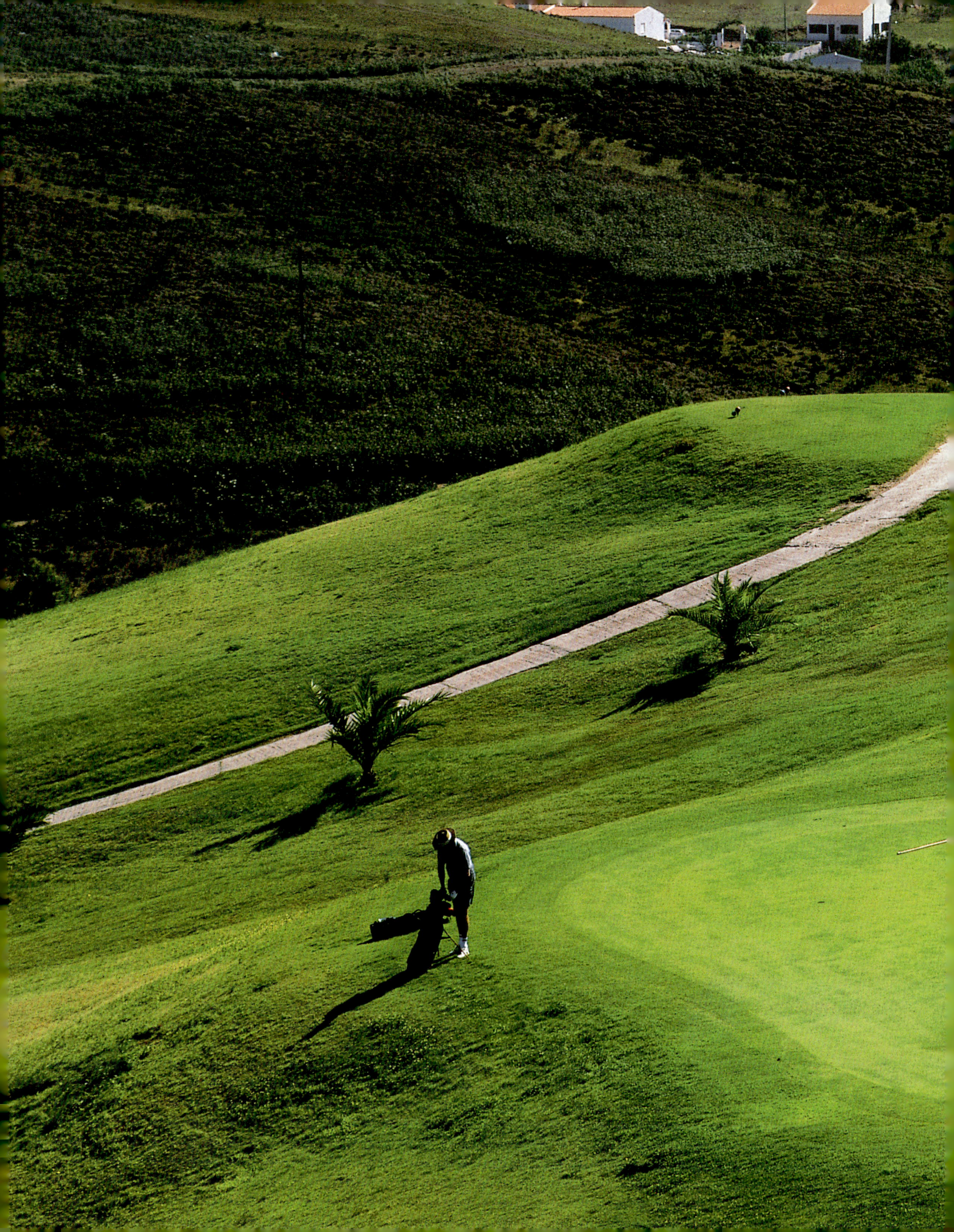

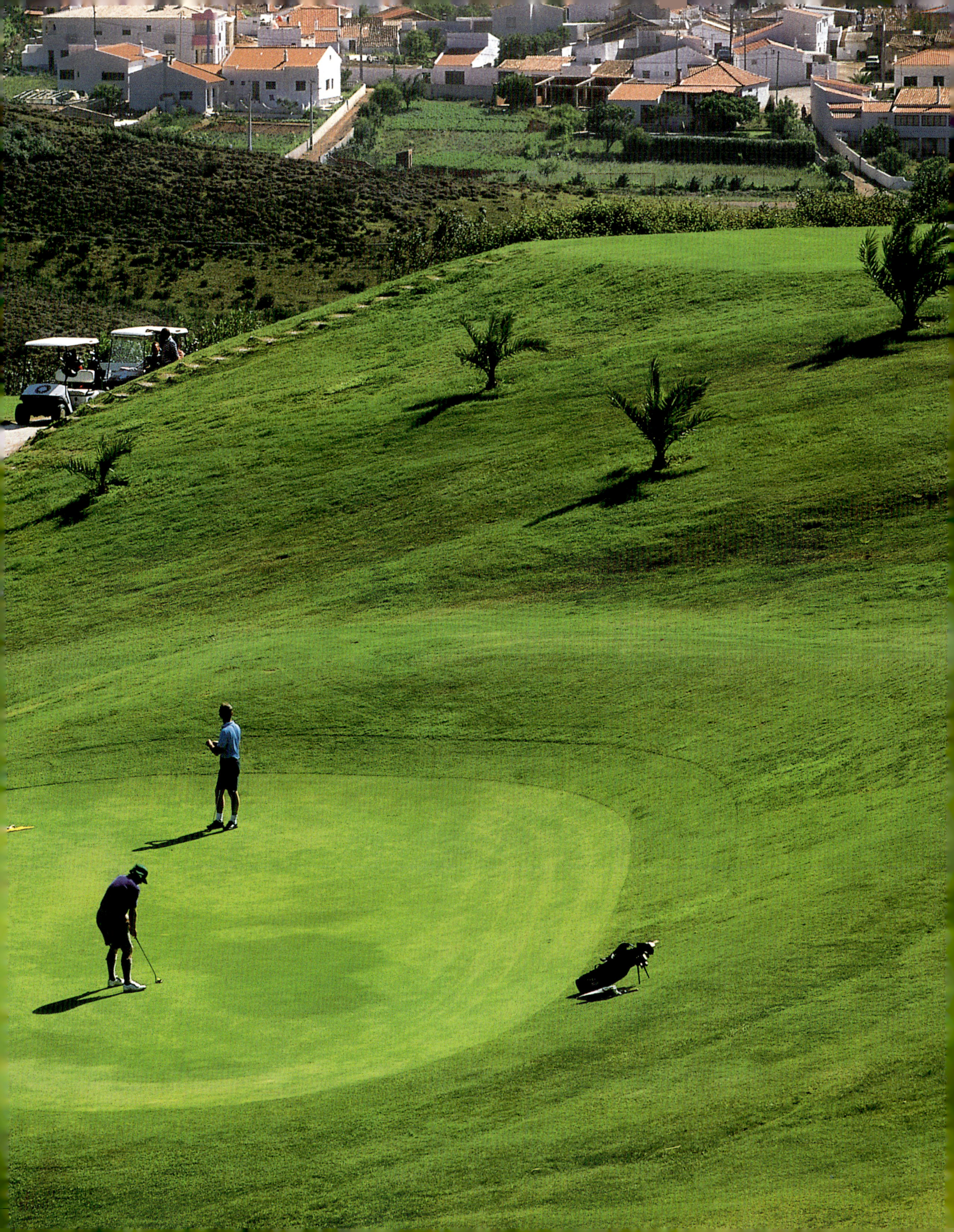

Coimbra, die Wurzeln des Neuen Portugal

*124 Coimbra, die erste Hauptstadt des Landes, gilt aufgrund ihrer Bedeutung für die kulturelle Entwicklung des Landes als „gelehrt". Genau darin lagen Portugals Hoffnungen, auf den Zug Europas aufzuspringen und so 200 Jahre Rückständigkeit zu überwinden. Mit dem Beitritt des Landes in die Europäische Union 1986 und mit der Einführung des Euro als einheitliche Währung wurden diese tatsächlich verwirklicht. Coimbra betrachtet sich seiner Universität wegen als dritte Metropole des Landes. Im Mittelalter gegründet, gehört sie zu den ehrwürdigsten des Kontinents, was sich auch in den Ämtern, Hörsälen und vor allem der Bibliothek zeigt, einem Juwel des Barocks mit über 30 000 Büchern und einer wertvollen Handschriftensammlung.
Das Herz der Universität bildet die Sala dos Capelos (oben links), in der die wichtigsten Festlichkeiten des akademischen Jahres stattfinden.*

*125 Die 1290 gegründete Universität von Coimbra musste alle Lasten und Ehren mit Lissabon teilen, bis König João III. sie 1537 reformierte und ihr Selbstständigkeit verlieh. Seither hat sie sich konstant zu einem kulturellen Zentrum Europas entwickelt.
Obwohl die ständige Modernisierung den Fakultäten und Institutionen Spitzenqualität sicherte, hat sich Coimbra bestimmte uralte Traditionen bewahrt, die ihm etwas Besonderes verleihen: von den Festlichkeiten zu Beginn (Fotos) und am Ende des akademischen Jahres bis zu den Graduierungen und „republicas".*

126–127 Die „republicas" sind charakteristische Herbergen, die von den Studenten selbst unterhalten werden. In Gruppen von 15 bis 20 Personen organisieren sie sich völlig selbstständig, teilen die Hausarbeit und das Einkommen und tauschen Erfahrungen aus.

128 Das Foto zeigt die Kirchturmspitze und die Statue des Erlösers über dem Heiligtum von Fátima.

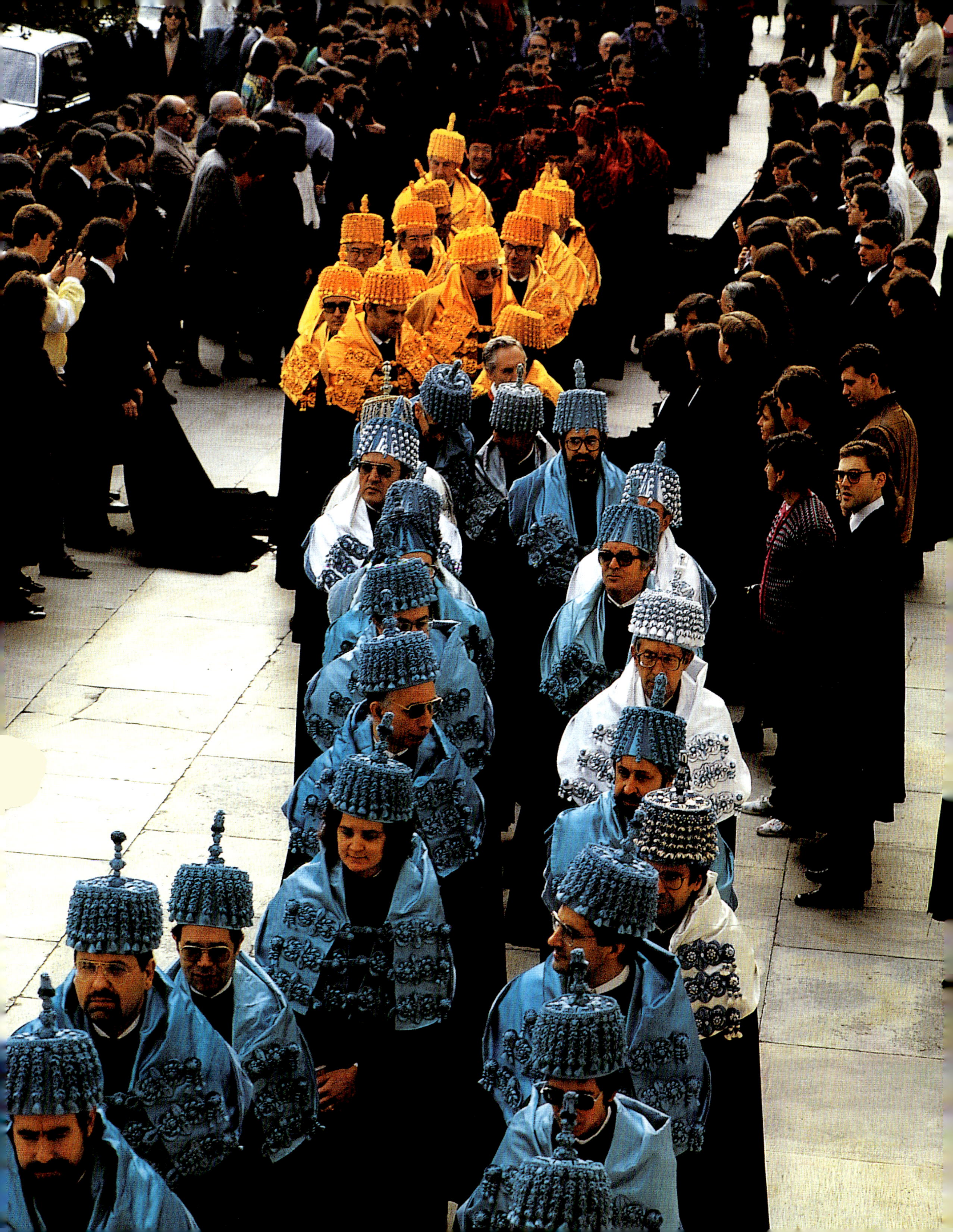

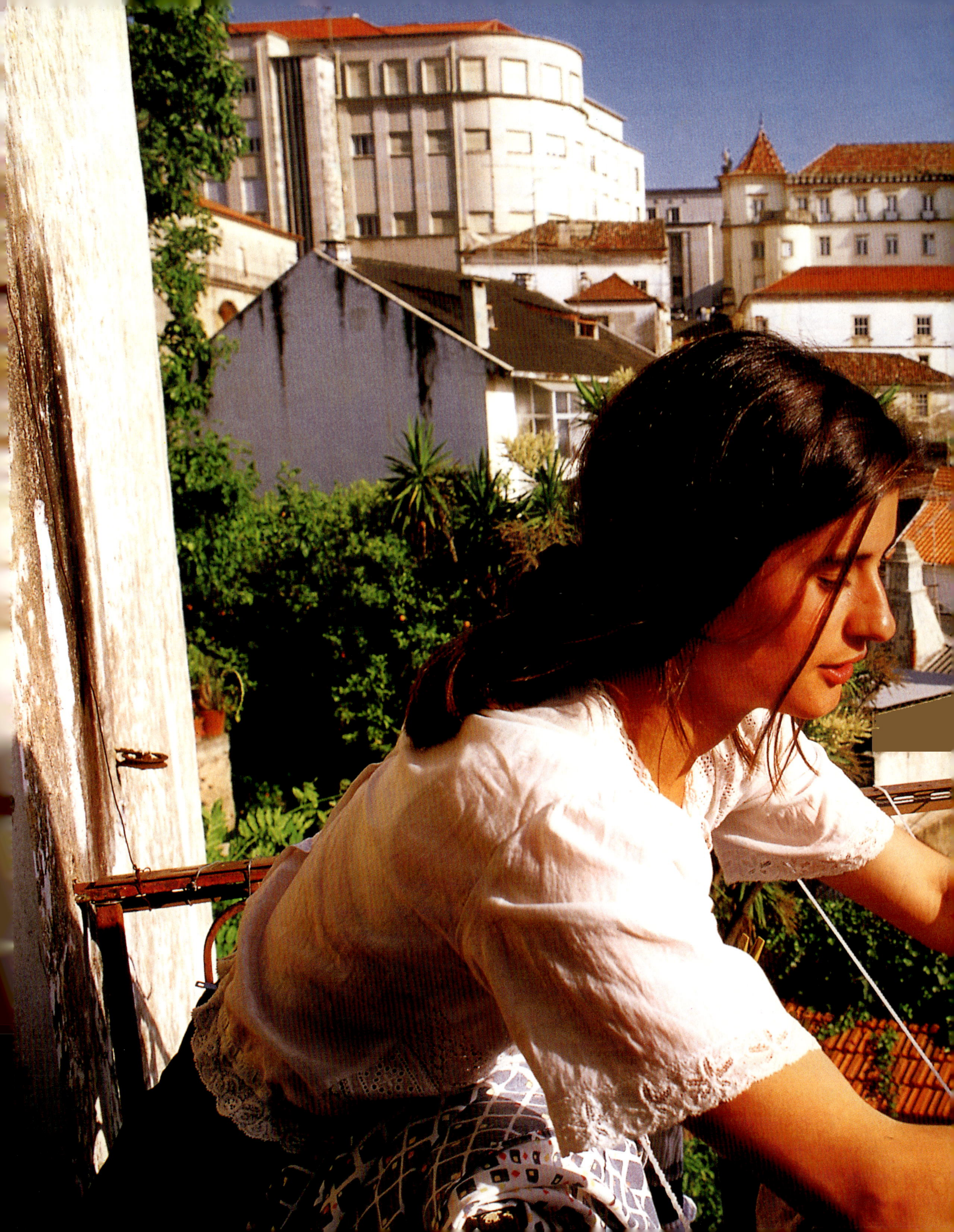

Bildnachweis:

Stefano Amantini/Atlantide: S. 46–47.

Antonio Attini/Archivio White Star: S. 30–31, 68, 70 oben, 70–71, 71, 73 oben rechts, Mitte, unten, 75 oben, 76 oben, 76–77, 78, 79, 80, 81, 104 oben, 104 Mitte links, 104 unten, 105, 106 unten, 114–115, 116, 117.

B.A.E.Inc/Alamy: S. 32–33

Bruno Barbier/Ag. Speranza: S. 114 oben, 119, 121.

Bruno Barbier/Hémispheres: S. 12–13, 19, 40 unten, 60–61, 89 unten, 108, 114 unten, 118 oben, 120–121, 125.

Fausto Giaccone/Ag. Speranza: S. 106 oben, 107, 118 unten rechts, 124 unten, 126–127.

Fausto Giaccone/SIE: S. 42 rechts, 114–115.

François Gohier/Ag. Speranza: S. 63 unten.

David W. Hamilton/Image Bank: S. 45 unten.

Franck Lechenet/Hémispères: S. 14–15, 62 Mitte.

Marco Leopardi/SIE: S. 48–49.

W. Louvet/Ag. Visa: S. 109 oben, 112, 113.

Marco Mairani/Focus Team: S. 45 oben.

José Manuel/Image Bank: S. 22 unten, 90 oben.

Orbassano/Focus Team: S. 110 oben links, 111 links.

Jean Charles Pinheira: S. 34 oben, 38, 44–45, 61 oben, 62 oben, 62–63, 64 oben, 70 unten, 74–75, 75 unten, 76 Mitte und unten, 85 unten, 92 unten, 93, 100, 101, 110 unten, 118 unten links.

Massimo Ripani/Sime/Sie: S. 72–73

Stefano Scatà/Image Bank: S. 65 unten.

Schinco/Focus Team: S. 11.

Tavanti/Focus Team: S. 20–21, 65 oben.

Angelo Tondini/Focus Team: S. 10 oben links, 45 Mitte.

Yvan Travert/Ag. Speranza: S. 39 unten, 64 unten, 66–67, 88–89, 96–97.

Giulio Veggi/Archivio White Star: S. 1, 2–3, 4–5, 6–7, 8, 9, 10 oben rechts, 10 Mitte, 10 unten, 16–17, 18, 22 oben, 23, 24–25, 27, 28–29, 29, 34 unten, 35, 36, 37, 40 oben, 40–41, 42 links, 42–43, 46, 50–51, 52, 53, 54–55, 56, 57, 58–59, 69, 82, 83, 84–85, 85 oben und Mitte, 86, 87, 89 oben und Mitte, 90 Mitte rechts, 90 unten, 92 oben, 94, 95, 98, 99, 102, 103, 104 Mitte rechts, 109 unten, 110 oben rechts, 122–123, 124 oben, 128.

Pawel Wysocki/Hémispheres: S. 39 oben, 90 Mitte links, 90–91.

C. Alberto Zabert/Realy Easy Star: S. 62 unten, 111 rechts.

Karte: Cristina Franco